中央大学政策文化総合研究所研究叢書　23

デジタル革命による
ソーシャルデザインの研究

大橋正和　編著

中央大学出版部

まえがき

　日本は，産業革命を経た最後の先進国と呼ばれているが，19世紀以来の工業化社会の中で国家の発展とその礎を築き 20 世紀後半のモノ中心の消費社会をリードする国にまで発展した．その間に，社会システムを工業化社会を前提とした仕組みを国家の中心として 100 年以上かけて発展してきた．それ自身は，20 世紀の視点からは大成功したと思われる．しかし，1990 年代以降の ICT の急速な普及に伴うデジタル化，ネットワーク化の社会システムには十分な対応ができないでいると思われる．その一つが，法体系や規制の問題である．米国などは，慣習法的な法律に基づき事前規制から事後規制の考え方を導入して新しい市場を作りやすくしたり，EU のように緩い EU 指令として共通認識を先に決めて細かいことは各国に任せるような考え方を導入している．さらに，東南アジア諸国が結んでいる FTA のようにグローバリゼーションに対応できるように関税を撤廃して産業振興の協力を自由にできるようにして成功を収めている．これは，まさに集団の知恵のなせる業であり日本に大きく欠ける視点であると思われる．日本の個々の製品やコンビニエンスストアなどのビジネスモデル等は，世界に誇れるモノであると思われるが，消費がグローバル化をして，リースマンが指摘したような脱工業化社会での消費社会から情報社会での多様な消費すなわちモノばかりでなく知的所有物やサービス消費といった多様なフェーズに移行している現在，そのことを認識しそのための 21 世紀にふさわしい社会システムを考える必要があると考える．

　現代における第四次産業革命を発端とするデジタル革命の中心課題は，ビッグデータ，IoT，人工知能でありそれらを応用した自動運転やロボットといったさまざまなデジタル技術を中心とした新しいビジネスモデルが普及してきている．その中心には，インターネットに代表されるネットワーク技術，PC に始まったコンピュータ技術の個人化があげられる．電話が，コミュ

ニケーションの中心として固定電話しかない時代には，電話が置いてある場所でしか遠隔とのコミュニケーションができなかったが，携帯電話の登場により自律分散型のシステムができあがっていった．コンピュータも，大型機中心の時代からPCの登場により個人化が進みさらにノートブック型の登場によりどこでも持ち運んで利用できるような仕組みができあがった．さらにネットワークとしてのインターネットの登場によりコンピュータ同士がつながることにより分散型のシステムができあがっていった．また，携帯電話のようなモバイルで利用できる仕組みとPCが結びつくことによりスマートフォンやタブレット型端末などの自律分散型システムが低価格で利用できるシステムが普及できるようになるとともにクラウドやWeb Servicesといったインターネットの高度利用技術の普及によりデジタル技術が人間行動や社会構造を変容させる情報社会としての現代社会の構造化がなされた．

　北欧を中心とするヨーロッパの諸国は，Ageプロジェクトをすでに始めており健康を維持して生涯働く機会を提供するような政策が始まっている．そのために医療の基本方針が，病気にならない医療に切り替わっており，病気を治す医療の日本とは大きく異なる．さらに，営利組織を定年になった後週3～4日間自由な職種・就業形態で働くことにより若年時からのワークシェアが推進されている国も多く，高齢者とマッチングすることにより，柔軟な働き方を実現している．オランダのように，正規雇用者，非正規雇用者，パートタイマーの賃金が同一で複数の職種を同一人が実践できる国もあり，警官や教師といった職種も例外ではない．また米国のように，基本的には定年の概念がないと言ってよい国も存在する．定年は，産業革命以来高給となった年長者を賃金の安い若い労働者と入れ替える仕組みと言ってよいが米国では，年齢による定年制は差別として受け止められており仕事を続けるかどうかは本人の能力で判断される．

　さらには，働き方の柔軟化も進んでおり，米国では，フレックスタイム，在宅勤務等の就業形態の多様化が進み，勤務方法も在宅勤務，テレワークやモバイルワークといったさまざまな就業形態を実現している．さらに米国では，2001年から連邦政府の在宅勤務が始まっており，その意義に，1. 危機

管理，2. CO_2 の削減などの環境対策，3. 生活の豊かさを掲げている．いずれも持続型社会を目指すワークライフバランスの考え方に基づいており，人材の多様性や多元性を考慮するダイバーシティの考え方にも沿っている．20世紀の工業化社会から21世紀の新しい情報社会が目指す「多元的な社会」の実現へ向けて動きだしている．

デジタル革命に至る系譜で重要な先駆的プロジェクトは，

1. デジタル化プロジェクトとしての CALS
2. 第5世代コンピュータと人工知能
3. インターネット上の自律分散型システムの進展

である．これらの基礎の上に現在のデジタル革命が成立していると言える．

本書は，政策文化総合研究所の研究プロジェクト「東アジアにおける社会の発展過程と社会システムの研究」(2015-2017年度) の研究成果を取りまとめた成果報告として計画され主として次の3つの研究テーマに関して研究が実行された．

1. デジタル化や情報社会が人間行動にどのような影響を与えているのかなどの現代社会の変容の基盤研究．
2. 第四次産業革命と呼ばれるデジタル革命における情報の流通や社会構造の変化等に関する基礎的研究．
3. 日本と東アジアとの情報流通，コミュニケーションの変容に関する研究，特に Social Media の利用に関する研究．

本書では，研究員の諸氏の協力の下，主として研究テーマのデジタル革命の現代社会への影響に関する研究を中心として研究成果をまとめ研究所叢書として発刊するものである．

皆様の研究の参考になれば幸甚である．

大橋正和

目 次

まえがき

第1章 デジタル革命への系譜（I）
　　　──技術の系譜──
　　　　　　　　　　　　　　　　　………………………………… 1
　　　　　　　　　　　　　　　　　　　　　　大 橋 正 和

　　はじめに　1
　1．デジタル化プロジェクトとしての CALS/EC　2
　2．電子商取引──公共事業の電子入札国際標準化まで　3
　3．第5世代コンピュータと人工知能　6
　4．インターネット上の自律分散型システムの進展　12
　　おわりに　16

第2章 デジタル革命への系譜（II）
　　　──現代社会における基本理念の変容と多元性に
　　　ついて──　………………………………… 19
　　　　　　　　　　　　　　　　　　　　　　大 橋 正 和

　　はじめに　19
　1．時代の変容──リースマンの『孤独な群衆』　20
　2．社会の存立の4つのフェーズ　25
　3．自由と安全の考え方の多元性　27
　4．ポストモダン的考え方──ボードリヤール　31

5．Cloud と Crowd──2006 年からの発展　36
6．21 世紀の社会へ向けて　45
　おわりに　55

第 3 章　情報システムの安全指針
　　　　──ビジネス・コンティニュイティとリスク
　　　　マネジメント──　………………………………　59
　　　　　　　　　　　　　　　　　　　　　大　橋　正　和
　　　　　　　　　　　　　　　　　　　　　高　橋　宏　幸

　はじめに　59
1．ビジネス・コンティニュイティ　60
2．コンティンジェンシー・マネジメントの事例研究　65
3．リスクマネジメントとしての SDLC
　（ザ・システム・デベロップメント・ライフサイクル）　71
4．複　雑　性　80
5．情報システムの法則　82
　おわりに　85

第 4 章　自閉症スペクトラム障害を持つ学生を包摂
　　　　するためのソーシャルデザイン
　　　　　………………………………………　87
　　　　　　　　　　　　　　　　　　　　　岡　嶋　裕　史

　はじめに──研究の背景　87
1．想定される臨床像　88
2．大学の受け入れ体制　89
3．IT システムの活用による障害者への学習サポート　91

4．大学における representation としての障害者サポート　94
　　　おわりに──導入及び運用に際して考慮すべき点　96

第 5 章　東アジアにおける教育システムの特色
　　　──4ドラゴンズの教育システムとPISA学力調査について──……………………………99

　　　　　　　　　　　　　　　　　　　堀　　眞由美

　　はじめに　99
　　1．韓国の教育システム　99
　　2．台湾の教育システム　102
　　3．香港の教育システム　105
　　4．シンガポールの教育システム　107
　　5．国際学習到達度調査：PISA　109
　　　おわりに　113

第 6 章　中小企業のソーシャルインパクト行動における利他性誘因と組織的探索行動
　　　──熊本大震災時の産業用テントメーカーによる復旧支援活動からの考察──………………117

　　　　　　　　　　　　　　　　　　　亀　井　省　吾

　　はじめに　117
　　1．目的と方法　119
　　2．仮説創設　120
　　3．事例分析　126
　　4．関係者インタビュー　128
　　5．考　察　134

おわりに　135

第 7 章　地方分権とデジタル革命の動向
……………………………………………139

倉　田　紀　子

はじめに　139
1．地方分権と市民の役割　140
2．地方分権とデジタル革命　146
3．オープンデータ戦略　148
おわりに　154

第 8 章　IoT がもたらす新たなソーシャルデザイン
……………………………………………157

桐　谷　恵　介

はじめに　157
1．IoT の隆盛とデジタル革命　157
2．IoT と人間の関わり　166
3．IoT が変える現実社会　169
4．IoT によるデジタル革命とソーシャルデザイン　171
おわりに　175

第 9 章 デジタル革命における「つなげる力」としての ストーリーという視点について
——地方創生事例からの考察——
.... 177

松 田 壮 史

はじめに　177
1．デジタル革命による社会構造の変化　178
2．デジタル革命におけるストーリーの重要性　180
3．個人と個人とをつなげるソーシャルデザイン　182
4．組織と組織とをつなげるソーシャルデザイン　187
おわりに　197

第 10 章　食と食文化によるインバウンド観光促進について
——訪日中国人の観光市場の開拓について——
.... 201

陳　雪　瑞

はじめに　201
1．世界及び日本の観光市場　202
2．2015 年の訪日外国人観光市場　203
3．海外の日本食及び日本政府による日本食のセールス　204
4．中国人の観光市場　205
おわりに　211

あとがき
索　引

第1章

デジタル革命への系譜（Ⅰ）
──技術の系譜──

大　橋　正　和

はじめに

　第4次産業革命と呼ばれるデジタル革命は，2006年から2008年くらいからさまざまな個別の会社や組織により計画され国家レベルでは2010年から2011年前後から米国，ドイツなどで始まった．これらの革命の中核技術としては，人工知能AI，BI，IoT，ブロックチェーン，ビッグデータ等があげられている．背景としては，CPUの処理能力の急速な増大とインターネットを中心としたネットワーク技術の普及等があげられている．

　本稿では，デジタル革命に至る系譜と背景となる理念の系譜について，今まで発表した研究や著作を含めて筆者が関わった研究やプロジェクトをベースとして「デジタル革命への系譜」として再整理する．（Ⅰ）では，デジタル革命に至る技術の系譜を筆者が関わったプロジェクト・研究等を基にまとめた．

1. デジタル化プロジェクトとしての CALS/EC

　CALS/EC は，1985 年に米国国防総省で Computer Aided Logistic Support として始まった．当時戦車や戦闘機の紙のマニュアルが，技術進歩のスピードアップにより戦車で 2 トン，戦闘機で 4 トンともいわれた．それにより各種情報をデジタル化するとともにコンピュータによる軍事における後方支援としてスタートした．その後，文字情報ばかりでなくマルチメディア情報を統一的に取り扱い可能にしアプリケーションに依存しない長期間デジタルとして活用可能な SGML（Standard Generalized Markup Language）というマークアップ言語を開発した．当初は，マニュアル用の言語として開発されたが戦闘機等のマニュアルは数十年もの間改訂されながら利用されるため長期利用に耐えるような仕様として提供され，後に政府の文書管理などに活用されることとなる．デジタルとしての本体とそれをさまざまな書式で表示する構成になっており後にインターネット上の Web の表示言語として採用された HTML（Hyper Text Markup Language）は SGML の表示用の言語としてページ概念のないマルチメディアの表示形式として開発された．

　1987 年になるとさらなる進化形として Computer aided Acquisition and Logistic Support として電子データによる交換から電子商取引（EC）としての機能が付加された．

　1993 年には，Continuous Acquisition and Life-cycle Support, Commerce At Light Speed など対象とする範囲が広がるとともに呼び名が変化していった．

　日本では，通産省を中心として 1995 年 CALS 推進協議会（CALS Industry Forum）により本格的に取り組みが始まり 2000 年まで協議会によりさまざまな取り組みがなされ産業界のデジタル化を推進した．その成果として，デジタル化によるコンカレントエンジニアリングによる飛行機の設計としてボーイング 777 の開発に参加した．ボーイング 777 は，開発の段階からデジタル

化で実施され従来の開発から実機の制作までの期間を3分の1に短縮したといわれている．機体のすべてがコンピュータで設計された世界最初の商用飛行機である．日本からは機体等の開発について部品の21％を分担した．操縦系にフライバイワイヤを採用したり整備へのフルデジタル化の適用などが行われた．その他，建設CALSとして建設工事や公共調達の電子商取引化などが実施された．

電子商取引ECでは，建設省を中心として公共事業の電子調達に建設CALSの考え方が実際の事業に応用された．

2. 電子商取引──公共事業の電子入札国際標準化まで

電子入札は，従来の紙による入札情報（調達案件内容）の入手や入開札までの一連の事業をインターネットを介して実施するシステムである．これにより，場所や時間の制約を最小限として競争参加資格確認申請から入札参加者への落札決定の通知までの業務が電子的に実現される．

電子入札システムでは，暗号化技術および電子認証技術を用いインターネット利用における安全かつ公平な電子入札の効率的な実施を実現している．

電子入札の効果としては次の3つの点が考えられる．

- 競争性・公平性の向上
  参加条件を満たす者は容易に参加でき，競争性が高まる．
- 事業コストの縮減
  応札者の人件費，移動コストが減少し，建設コスト全体の縮減につながる．
- 事務の効率化
  公示，応札案件情報提供，技術提案書提出および開札行為の電子化により，事務負担の軽減および業務の効率化が図れる．

日本では，2001年のe-Japan戦略の中で2001年10月から直轄事業の一部から電子入札が開始された．また，地方公共団体にもこのシステム（コアシステム）が提供されることが決まった．

これを受けて2002年3月のUN/CEFACT（United Nations Centre for Trade Facilitation and Electronic Business）バルセロナでの会議で電子入札の標準化を行うことが決定し日本がプロジェクトの議長国に選出された．

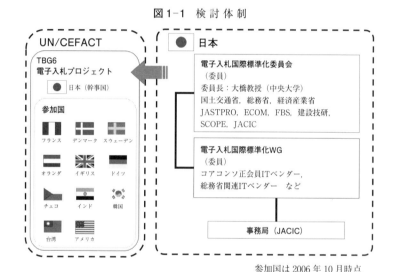

図1-1 検討体制

参加国は2006年10月時点
（出所）図1-1，1-2，1-3，1-4すべて電子入札国際標準化委員会2006．

その際検討対象を，工事からスタートしてサービス，物品などの調達に広げることが合意された．

当初UN/CEFACTからは，できるだけ早く標準化して欲しいとのことで1年半から2年程度を見込んでいたがビジネスプロセスの標準化手法が確立していなかったために標準化手法そのものを開発することになり第1版が完成したのは2006年になった．

図 1-2 電子入札国際標準の範囲

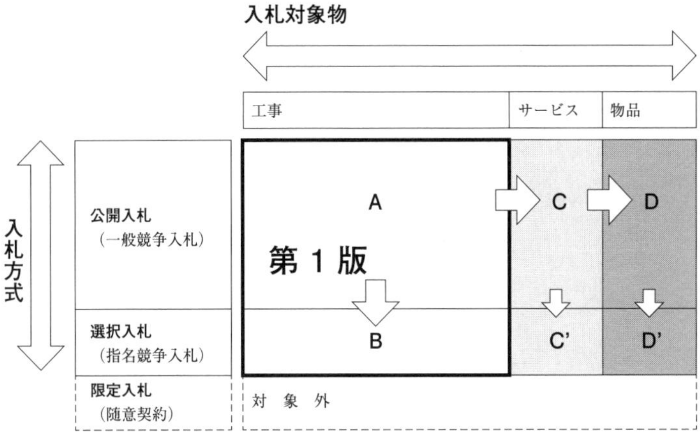

	工事	サービス	物品
公開入札（一般競争入札）	A 第1版	C	D
選択入札（指名競争入札）	B	C'	D'
限定入札（随意契約）	対象外		

入札対象物／入札方式

　その際，ビジネスプロセスの標準 BRS（Business Requirement Specification）とデータ項目標準 RSM（Requirement Specification Mapping）の2つを標準化することとした．

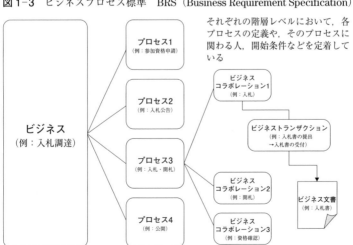

図 1-3 ビジネスプロセス標準　BRS（Business Requirement Specification）

それぞれの階層レベルにおいて，各プロセスの定義や，そのプロセスに関わる人，開始条件などを定着している

図1-4 データ項目標準 RSM (Requirement Specification Mapping)

すべてのビジネス文書に対してデータ要素の洗い出しを行う

抽出されたデータ要素をまとめてUN/CEFACTの指定された様式にし，項目の意味やどういったビジネス文書で使われているなどの定義を行う

BRS, RSM とそれに関連する XML のスキーマを決定した．

日本，英国，韓国，インド等の国家が行っている電子入札は，この標準化に準拠していることを UN/CEFACT が認定を行った．その後，調達，電子契約などが標準化された．各国のシステムには，独自の仕組みをもっておりそれらについての独自システムも標準化のサブシステムとして利用を認める柔軟なモデル化の仕組みを開発したため，プロジェクトマネジメント等の様々なビジネスモデルが標準化されるようになった．

現在では，このときに開発されたコアシステムは現在日本国内で幅広く利用されている．

3. 第5世代コンピュータと人工知能

第5世代コンピュータは，1982年から10年間にわたり通産省を中心として実施されたプロジェクトであった．目標は，述語論理による推論を高速実行する並列推論マシンとそのオペレーティングシステムを構築することで

あった.実際には,人工知能が人間知能(人間脳)を超えることを目指したエキスパートシステムを開発することであった.機械翻訳などの自然言語処理,多様な処理に対応する機械制御,医学の分野などへの高度な言語理解による専門的判断などがいわれた.実際には,当時のコンピュータの処理能力が十分でないため並列推論マシンの開発が中心であった.主としてハードウェアの開発を中心としたため人工知能アプリケーションの開発やエキスパートシステムの開発がハードウェアなどと有機的に連携するシステムの不足が原因と考えられている.

当時のエキスパートシステムの開発では,専門家の知識を分析しコンピュータが利用できる形式に整理しコンピュータでシステム化するという手順で実施された.それら専門家の知識をいかにコンピュータが理解できる形式でまとめることができるかということが研究の中心であった.CPUの能力もそれら自然言語を扱うには十分なパワーを持っているとは言いがたい状況であった.

3-1. エキスパートシステムの応用——水界生態モデル

1990年11月から建設省により「多自然型河川改修づくり」の推進が提唱され河川においても自然環境の保護に取り組むようになった.魚類などの河川における生態系の生物相における生態系全体の研究としてエキスパートシステムを用いた水界生態モデルの研究を1994-5年にかけて実施した.

まず,河川における事業の分類とそれが生態系に対してどのような影響を与えるかをインパクトマトリックスとして知識の整理を実施した.

これらの環境変化が水生生物の生態系にどの様な影響を与えるかを分類した.

これらの項目を念頭に置きながら,日本の河川に生息すると考えられる魚類198種について生息分布状況29項目および生態的特性49項目について調査を行った.生息環境条件については生活環(生活様式),分布域,生息水域,生息場所に関する28項目,生態的特性については産卵に関する特性(産卵期,

表1-1 河川事業におけるインパクトマトリックス

事業類型		インパクト項目	水質変化			流況変化						河床形態の変化			河床材料の変化		水際形態の変化	
			低水温	濁水	富栄養化	流れの均一化	水位の低下／流量減少	流速の低下	急流部の発生（放水／取水）	流路の遮断	湛水域の出現	早瀬の縮小	淵の小型化	平瀬の拡大	底質の均一化	底質の人工化	水際の人工化	水辺植物の減少
河川改修	河道改変	河床掘削				●						●	●	●			●	●
		河道拡幅				●						●	●	●			●	●
		流路の直線化				●						●	●	●			●	●
	護岸築造	コンクリート護岸															(●)	●
		親水護岸																
	落差工設置	魚道設置							●	(●)					●	●		
		魚道なし							●	●					●	●		
ダム建設	堤体築造	魚道設置								(●)								
		魚道なし								●								
	ダム貯水			●	●						●							
	ダム放水		●			●	●	●	●									
	ダム取水	迷入防止装置設置							(●)									
		迷入防止装置なし							●									

（注）●は関係があることを示す（カッコを付けたものは多少関係あり）

表1-2 河川事業に伴う環境変化と水生生物生態系への影響

環境変化項目	生態系項目	魚類			底生生物	付着藻類	水草
		生長	回遊	産卵			
水質	低水温	◎	○	◎	◎	○	○
	濁水	◎	○	◎	◎	◎	○
	富栄養	○	△	△	○	○	△
流況	流れの均一化	◎	◎	◎	◎	○	○
	水位の低下	○	○	◎	◎	○	○
	流速の低下	○	○	◎	○	◎	○
	流速の増大（放水：落差工）	○	◎	◎	◎	○	○
	流速の増大（取水：取水口）	○	◎	◎	○	○	○
	流路の遮断	○	◎	◎	○	×	×
	湛水域の出現	◎	◎	◎	◎	◎	◎
河床形態	早瀬の縮小／淵の小型化／平瀬のトロ拡大	◎	○	◎	◎	◎	◎
河床材料	底質の均一化	○	○	◎	◎	○	○
	自然河床の消失	○	○	◎	◎	◎	◎
水際形態	自然河岸の消失	○	△	◎	○	◎	◎
	水辺植物の消失	◎	△	◎	○	×	△

◎：影響大きい　○：影響あり　△：影響小さい　×：影響なし
（出所）表1-1, 1-2ともに山田規世・大橋正和・日野幹雄・小松泰樹（1995）

産卵水域，産卵基盤（底質），産卵方法），食性に係わる特性，貴重性に係わる特性に関する49項目について計78項目×198種＝15444項を調査した．表1-3は生息分布に係わる特性の1部分である．さらに，生息環境条件に関して水温に係わる環境条件（7項目），濁りに係わる環境条件（12項目），流れの変化（流速・水深）に係わる河川事業計画時に河川事業実施前と実施後の河川環境および生態系の変化の予測が可能になるばかりでなく事業実施前の環境を保全する場合にはどのような事業計画をたてればよいかという生態系からみた河川事業の計画立案が可能となるエキスパートシステムを構築し実際の河川に適用して研究を実施した．

当時のエキスパートシステムの考え方では，知識を整理してコンピュータシステムが理解できる形式に人間の力で整理しなくてはならず，知識の所有者ばかりでなくそれを理解するシステム構築可能な技術を理解する人間が必要でありコンピュータ化する前処理に多大な時間がかかった．システムが構築できたとしても当時のCPUの能力が十分でないために一つの推論をえるために数日かかることもあった．

現代の人工知能は，自分でデータを収集して分析する機能を持つものも現れた．単純なCPUの演算能力はすでにマウスの能力を超えているが人間の脳の能力を超えるのが2035年以降といわれておりその後人工知能がどのような方向に進化するについては「シンギュラリティ」の問題として様々な議論になっており自律型の思考能力をもつ人工知能の開発を制限すべきだという議論も起こっている．生命科学の分野で考えられた生命倫理の問題との親和性も議論されている．

エキスパートシステムのような専門家の知識をコンピュータが学習し人間の補助をするシステムや自動運転をサポートするシステムのように人間の知識を補完したり人間の行動のサポートをする仕組みは研究では無く実用の段階に入っていると考えられる．

表 1-3 河川環境と生態系

魚種名	生息・分布に係る特性							
	生活環（生活様式）							
	純淡水魚			通し回遊魚			周縁性淡水魚	
	一次的	二次的	陸封性	遡河回遊	降河回遊	両側回遊	汽水性	偶来性
カワヤツメ				●				
シベリアヤツメ	●							
スナヤツメ	●							
エツ				●				
コノシロ							●	
ニシン							●	
ウナギ					●			
オオウナギ					●			
シシャモ				●				
キュウリウオ				●				
ワカサギ				●				
イシカリワカサギ			●					
チカ							●	
アユ						●		
リュウキュウアユ						●		
シラウオ				●				
イシカワシラウオ				●				
アリアケヒメシラウオ				●				
アリアケシラウオ				●				
イトウ			●					
オショロコマ			●					
ミヤベイワナ			●					
アメマス				●				
イワナ			●					
ゴギ			●					
カワマス			●					
レイクトラウト			●					
ブラウントラウト			●					
ニジマス			●					
サクラマス・ヤマメ				●				
サツキマス・アマゴ				●				
イワメ			●					
ビワマス			●					
サケ				●				
カラフトマス				●				
ベニザケ・ヒメマス				●				
タニマス			●					
カワムツ	●							
オイカワ	●							
ハス	●							
ヒナモロコ	●							
カワバタモロコ	●							
ウグイ						●		
ウケクチウグイ						●		
マルタウグイ				●				
エゾウグイ						●		
ヤチウグイ	●							
アブラハヤ	●							
タカハヤ	●							
ソウギョ	●							
アオウオ	●							
ワタカ	●							
コクレン	●							
ハクレン	●							
タモロコ	●							
ホンモロコ	●							
ムギツク	●							
モツゴ	●							
シナイモツゴ	●							
ホソモツゴ	●							
ウシモツゴ	●							
カワヒガイ	●							
ビワヒガイ	●							
アブラヒガイ	●							
カマツカ	●							

（出所）山田規世・大橋正和・日野幹雄・小松泰樹（1995）

魚類の生息分布状況 (1部)

生息・分布に係る特性									
分布域 (凡例:●自然分布, ▲地域限定, ○移植)				生息水域 (凡例:●主な生息域, ○生息域)					
北海道	本州東北半	本州西南半 四国・九州	琉球列島	上流	中流	下流	汽水 河口	湖	池沼	海域
●	●					●				
●	●				●	●				
		▲有明海				●	●			
●	●	●	●	○	●	●	○	○	○	
		●	●			●		●		
●						●				
●	●	●				●		●		
●						●				
	●					●				
●	●	●			●			○		
			●							
●	●	●				●				
	●						●			
		▲有明海								
		▲有明海				●				
●					○			●		
●					●	●				
●										
●	●			○	●	○				
		▲中国山地		●						
	○			○						
	○							●		
	○							●		
○	○			○						
●	●	●		●	●	○				
		●		●	○					
		▲琵琶湖						●		
●	●				○	●				
●	●									
●	○							●		
	▲田沢湖									
	○	●		○	●	○				
	○	●			●	○			○	
		●				●		●		
		●				●			○	
●	●			○	●	○	○	○		
	▲阿賀野川									
●					○	○	●			
●						○			●	
	●	●		○	●			○		
						●			○	
	○	○				●				
	○	○								
	○	○				●		●		
	○	○								
	○	○								
	●	●			●			○		
	○	●						●		
		●				●				
	●	●				●		●		
	●					●			○	
		▲三重県				●				
		▲濃尾平野				●			○	
	○				●	○				
		▲琵琶湖						●		
		▲琵琶湖						●		
	●				●	○		○		

4. インターネット上の自律分散型システムの進展

　インターネットの普及に伴い自律分散型システムが急速に普及した．電話は，設置してある場所に行かないと通話ができない時代が長く続いた．ラジオもテレビもその機械が設置してあるところに行かないと聞くことも見ることもできなかった．すべての家電と呼ばれる機械は，単機能が多く電卓も単純な四則演算ができるだけのものから関数の計算がしたいときには関数電卓を利用するといった具合である．ハードウェアのみに依存している時代はそれが当たり前であった．電話は，無線技術の進歩と規制の緩和により建物内では持ち運べるようになり庭先くらいまでは持ち出せるようになった．その後，自動車電話から始まり携帯電話になりデジタル化された携帯電話が登場するとまずカメラ機能や住所録や予定表といった便利な機能が内蔵されるようになりスマートフォンへと発展していった．デジタル化によりハードウェアとソフトウェアが融合して様々な機能を表示装置に表示できるようになり装置そのものはどこでも持ち運びができるようになり自律分散型のシステム端末としてカメラ，ラジオ，テレビ等様々な機能を内蔵した装置に進化した．さらに，デジタル化の進展によりコンテンツのアーカイブと検索が容易になりリアルタイムと蓄積されたコンテンツやデータを自由に利用できるようになった．このような環境が社会システムに与える影響は大きいが，同時に従来の中央集権型の社会システムも多く存在して社会基盤として機能している．政府や地方自治体の仕組みや教育の仕組みは産業革命以来の19世紀，20世紀の仕組みとして自律分散型の仕組みと重畳的に存在している．貨幣は，中央銀行が発行する中央主権的な仕組みであったが米ドルのようにグローバルに展開する物が現れたが実態は米国がその貨幣の存在を保証している仕組みの上に成り立っている．しかし，ブロックチェーン技術による自律分散型の貨幣も登場するようになった．

4-1. 自律分散型システムの進展

基本的な社会の基盤として21世紀の戦略目標としての考え方は，

　価値観の転換（Shift in the Value System）

　制度の変革（Reform of Institutional System）

　技術の革新（Innovation of Technology）

の三つがお互いに融合し動的に社会システムをデザインする仕組みが必要であると考える．

社会システムを支える基盤を資源（ヒューマン，ハード，ソフト）と考えるが，実社会システムとしては，「資源」だけではなくその「マネジメント（ガバナンス）」（資源の育て方，使い方）と表裏一体と考える．例えば，エネルギーを考えると1次エネルギーとしての自然資源と社会システムとして利用する2次エネルギーのように様々に形を変えて利用される．さらに，原油価格の高騰のような状況からバイオ燃料が価格競争力をもつと穀物からの2次利用として利用されると自然資源の利用形態は大きな影響を受ける．これらをすべて私的利益の追求を目的とした市場原理にまかせることからそれらを総合的にマネジメントしガバナンスに結びつけるシステムの構築が自律分散型の社会では急務である．また，ガバナンスを司るために「情報の非対称性」を防ぐためにもそれらにふさわしいICTをベースとした「情報」を付与する．

- 「自然資源の力」=「資源」×「マネジメント（ガバナンス）」×「情報」
- 「ストック」としての資源ばかりでなくダイナミックな「フロー」としての資源の概念を考える．
- 資源を第1次産業，第2次産業，第3次産業といった利用形態別の視点から産業横断型での社会システムとして考えそのためのシステムの構築を行う．
- 時間軸の考え方の相違を総合的に考えるシステムとする．
    - 短期的（ミクロ）時間軸　　主として経済活動等
    - 中期的（メゾ）時間軸　　　主として生活やコミュニティ活動等

- 長期的（マクロ）時間軸　　主として環境や生物学的視点等

自律分散型の情報社会では，中央集権的なガバナンスではなくインターネットのようなプロトコルでコミュニケーションやデータ流通の基本がありそれらが有機的に結びつく仕組みが考えられる．

もちろん20世紀以来の中央集権的なシステムが旧来の基盤として社会を構成している．その中で自律分散型の考え方が登場しているが，中央集権型システムと自律分散型システムが共存するためには，有形無形のリソース（資源）に対して次のような考え方がある．

- 実現すべき社会システムの基本方針

これらの基本的考え方を社会システムの基本方針としてまとめると下記のようである．

1. 資源のLCA（ライフ・サイクル・アセスメント）

    ストックとしての考え方とフローとしての考え方の融合

1. 資源の可視化

    資源は存在や採取するための様々な制約要素や利用の形態により様々である上お互いが，相互に連関しているためマネジメント（ガバナンス）するためには様々な指標の上に可視化できることが望ましい．また，価値観の転換（Shift in the ValueSystem），制度の変革（Reform of Institutional System），技術の革新（Innovation of Technology）などにも柔軟に対応可能なことが肝要である．

1. 資源の時間軸とメタモルフォーゼを考えた社会システムの実現

    資源の考え方としては時間軸が重要であるが社会システムとしてマネジメント（ガバナンス）を行う場合には，社会の変容に柔軟に対応できるシステムが必要である．

4-2. 安全安心なデジタルとは

ここでは安心・安全な考え方として情報社会における Trusted Network

の考え方をとり上げる.

社会基盤としての情報システムをネットワークを中心として考える考え方で

1. セキュリティ基盤－安全性

　盗聴の防止

　改竄(ざん)の防止

　反復の防止―複写データの再利用防止

2. アイデンティティ基盤

3. サービス基盤―正確性

　リライアビリティ（信頼性の確保）

　トランザクション（一貫性，一意性の確保）

の3つの基盤として考え，分散型として動く社会システムを考える．現在の情報システムは，システム毎に，セキュリティとアイデンティティ（原始的なIDとパスワード）およびシステム（アプリケーション）を構築しなくてはならない．このような，すべてが閉じたシステムから分散協調できる仕組み（連携できる）に変わろうとしている．例えば，アイデンティティの基盤としては，次の5Aが重要であるが最初の1つめのAすら実現していない．

　　認証（Authentication）……利用者をユニークに特定するための情報

　　認可（Authorization）……利用者に与えられる権限情報（情報へのアクセス・操作許可）

　　属性（Attribute）……利用者の個人属性（所属，役職など）

　　運営・管理（Administration）

　　追跡・監査（Audit）

このように，社会システムとしてはすべてを一元化したクローズトなシステムから他との柔軟な連携・協調を視野に入れた自律分散型の柔軟なシステムが必要である．また，

　価値観の転換（Shift in the Value System）

　制度の変革（Reform of Institutional System）

技術の革新（Innovation of Technology）に柔軟に対応可能な短期・中期・長期にわたり持続可能なシステムが必要と考える．

おわりに

　本章では，21世紀の第4次産業革命の始まる以前の主として技術の視点から起こった事象を系譜の形でまとめた．これ以外にも，コンピュータやインターネットの発展と普及等については拙著『情報社会のソーシャルデザイン―情報社会学概説Ⅱ』（2014年，NTT出版）に記載した．また，デジタル革命に至る基本理念の系譜については本書第2章にまとめた．第4次産業革命として認知され始めたデジタル革命はすでに世の中の情報流通のほとんどがデジタル化されている中で一般の人の人間行動に革命を起こすほどのインパクトが予想される重要なテーマであると考える．

参考文献

Herbert A. Simon（1962）"The Architecture of Complexity," *Proceedings Of The American Philosophical Society* 106(6), pp.462-482.
今井賢一編著（2003）『情報技術と経済文化』NTT出版．
大橋正和・堀眞由美編著（2005）『ネットワーク社会経済論』紀伊國屋書店．
大橋正和編著（2005）『次世代Webサービスとシチズン・セントリックの考え方』紀伊國屋書店．
大橋正和（2006）「Web新時代と情報社会学会」情報社会学会誌 Vol.1,No.1, pp.33-40.
大橋正和（2010）「Social Designとしての持続可能な社会システムの考え方―資源の持続的な活用と学術の新しい体系」総合政策研究 Vol.18, pp.135-156.
大橋正和（2011）「第5章　シチズン・セントリックな考え方―情報社会における基本理念」「第10章　Social Mediaによる新しいコミュニケーションの進展」『デジタル時代の人間行動』，中央大学出版部，pp.45-59, pp.100-120.
大橋正和（2012）「CloudとCrowdの急速な発展によるiDCの変容について」電子情報通信学会 BT-2-1, 通信講演論文集2, pp.56-59.
大橋正和（2014）「現代社会の変容と東アジアの発展過程について―4ドラゴンズの

社会構造について」政策文化総合研究所年報第 17 号, pp.113-136.

大橋正和編著 (2015)「第 1 章　情報社会の消費の理論的考察」「第 2 章　情報社会における消費行動の変容―デジタル化とインターネットの影響について（大橋・高橋）」『現代社会の変容による人間行動の変化について―消費行動の変容を中心として』中央大学出版部, pp.1-23, pp.25-58, p.216.

大橋正和 (2017)「東アジアにおける社会の経済発展過程の研究― 4 ドラゴンズの発展過程第 1 期」政策文化総合研究所年報第 20 号, pp.87-105.

Masakazu Ohashi (2013) "Recent Perspectives of the Infosoionomics Society based on Information and Communication Technology -Japanese Governmental Large Scale Substantiative Experiments IN Last 10 Years ", Proceeding of THE 8TH INTERNATIONAL CONFERENCE ON KNOWLEDGE-BASED ECONOMY AND GLOBAL MANAGEMENT.

公文俊平・大橋正和編著 (2014)「2 章　情報社会とソーシャルデザイン―先駆者との対話を通じた情報社会での知識や社会の考え方について」『情報社会のソーシャルデザイン―情報社会学概説 II』NTT 出版, p.258.

電子入札国際標準化委員会 (2006)「UN/CEFACT における国際標準化について」, 電子入札国際標準化委員会.

見田宗介 (2006)『社会学入門』岩波新書.

山田規世・大橋正和・日野幹雄・小松泰樹 (1995)「河川環境の変化を伴う水界生態モデルの研究」水工学論文集（土木学会）Vol.39, pp.867-870.

第 2 章

デジタル革命への系譜（Ⅱ）
――現代社会における基本理念の変容と多元性について――

大橋正和

はじめに

　中世以来の科学哲学の基本である還元主義的考え方とは，ものごとを機械の部品のように要素に分けて分析する要素還元主義としての"機械論パラダイム"である．総合大学は，社会全体を記述・研究するために，社会を各学部という要素に分割して学習・研究し元に戻すと全体が記述できるという考え方に基づいている．この考え方が成り立つには各要素間の関係が線形で成立するのであり19世紀末にはすでに限界が来て新しい科学哲学の考え方が求められた．20世紀には，システム理論的考え方で単純に要素に分割して考えるのではなく要素間の結びつきによりシステムとして考えるという柔軟な考え方が必要とされた．しかし，16世紀以来の科学哲学の基本である要素還元主義がなくなったのではなく，それは社会の基盤に深く浸透していた．還元主義は，何より誰にでも分かりやすい考え方であるとともに長年西洋における科学哲学の基本であったと同時に産業革命を支える基本思想でもあったため現代でも多くの組織，社会構造に色濃く残っている．
　システム理論的考え方は，20世紀後半の大量消費社会を支えるとともに

サービス消費の時代にも中心的な役割を果たした.

一方,包括的考え方は,将来のあるべき姿を考える"生命論的パラダイム"であり還元主義では分ける毎に失われてしまうものや要素間の関係が非線形であっても成り立つように考えられている.スポーツにたとえれば,サッカーは,各選手間で事象に柔軟に対応して予測不可能な事象への対処を複数の選手間で実施することになり個人の技術的な練習や優れた技能だけでは不十分であり包括的な練習が必要である.野球やアメリカンフットボールは,攻守分かれて競技を行う.集団としての連携も重要であるが主にポジション別の個人の技能が問われるスポーツである.

さらに複雑なことに,システム理論にしても包括的な考え方にしても系が閉じている状態で考えれば良かったがネットワークが社会の基盤を支える情報社会ではオープンな仕組みの中でクローズな仕組みとも結びつく上にソフトウェア的なオープンシステムばかりでなく携帯電話のようなハードウェアとしての自律分散型の考え方に基づかなくてはならないというより複雑な状況になっている.

これらの基本理念の例を見ても21世紀は,農業社会,工業化社会までの従来のパラダイムに付け加えて多元的でポストモダン的な考え方の二者択一のような二値論理がそのまま通用しないより複雑で多様性をもった社会になっている.

この章は,筆者の関連する著作を再構成してまとめたものである.

1. 時代の変容——リースマンの『孤独な群衆』

時代の何が変化したのだろうか.

1950年に社会学者のデビット・リースマンは,『孤独な群衆』を著した.リースマンは,社会がもつ社会的性格を3つに分類し論じた.

第1の社会,農業社会は,家族や氏族中心の伝統社会でその中では,慣習

などの伝統に同調，恥をかかず無難に生きることを旨とする伝統指向型の社会であることを示した．

　第2の社会は，工業化社会で，ルネッサンス，宗教改革，産業革命を経て成立したこの社会では職業に献身することが望まれ，出世することを目指すことが重要だという農業社会とは異なる新しい社会的適応様式をもち，その性格形成にはウェーバーや「プロテスタント」が示したような時代を形成し，内部指向型の社会であると論じた．

　第3の社会は，脱工業化社会で生産の時代から消費の時代へと変容し第3次産業の増加が顕著となる．この時代は，他人指向型の時代で，物との対峙から他人との対峙により生きてゆかなければならないため，物質的環境より人間環境が重要となり，他者（友人，同輩，マスメディア等）を気にする時代である．

　リースマンは，「他者からの信号にたえず細心の注意を払う」「人が自分をどう見ているか，をこんなにも気にした時代はなかった」と書いた．

　工業化社会の内部指向型も評判を気にし，衣服，車，カーテン，銀行の信用等に気を使ってはいた，他人指向型の社会（脱工業化社会）では，外見的な細部ではなく他人の気持ちをことこまかく斟酌することが重要であると考えこの時代のキーワードは，「不安」と書いた．農業社会のキーワードは，「恥」．工業化社会のキーワードは，「罪」であると論じた．

　脱工業化社会では，工業化社会と異なり他人から目立つことを避けるが競争を行うときには，限界的差異化（marginal difference）競争を行う．リースマンは，「内部指向型の人間の場合には生産の領域，そして二次的には消費の領域に驚くべき競争的エネルギーが放出されていたのであるが，現代社会にあっては，そのエネルギーは同輩集団からの承認を得ようとする不定型な安全確保のための競争に使われているようにみえる．しかし，その場合の競争というのは，承認を得るための競争である．そしてこの競争はその性質からして，あからさまに競争的であってはならない．このようなわけで私は「敵対的協力（antagonistic cooperation）」という言葉がこうした事態を説明

するのに適切であると考える.」と記述している．子供たちの読書などメディアへの接触でも，伝統指向型での読書は大人の語り手から話を聞き，内部指向型の時代の読書は孤独であったが，他人指向型の場合はメディアを利用して共同体的で自分たちが一緒だという感じをもち仲間が周りにいるのだという意識がつきまとうと述べている．「内部指向型の特徴は「野心」であり，罪の意識を感じるのは失敗したときであり成功したときではない．敵対的協力の場合は，目標は重要な物ではなく，重要なのは「他人たち」との関係なのだ．」「自分が成功することに一種の罪の感情を抱くし，また他人の失敗についてなんらかの責任感をすら感じてしまう．」「仲間集団は，比較的独立した基準をそれ自身が持っており，それによって限界的特殊化を確保するのみならず，メディアに対する関係においてかなりの自由を持つことが出来る．」

当時としては珍しくサブカルチャーである漫画本について詳しく述べるとともに，仲間集団との同調性とそこからの独立についてもマスメディアの影響について詳しく分析している．

リースマンは，それぞれの時代の人間を3つのタイプに分類した．

「適応型」，「アノミー（不適応型）」，「自律型」である．「内部指向型」のアノミーは，「ヒステリーないし無法者」であり，「他人指向型」のアノミーは，「感情喪失と空虚な表情」であると論じた．その中で，社会規範に同調する能力を持ちながら同調するかしないかの選択の自由をもっている「自律型」の重要性を示した．特に，他人指向型社会の中での自律型の形成は，「仕事や遊びでの人格過剰化をひかえることから始まる」と述べている．

さらに，他人の趣味・嗜好をたえずかぎわける能力が重要で，「他人」の短期的な趣味に強い興味を示す．そして，あまり多くを消費しすぎて，他人の羨望の的になるということを避け，あまりに少ない消費で，かれが他人を羨望の眼差しで見なければならないようなことも避ける．

リースマンが指摘したような脱工業化社会は，米国では1950年代後半から，欧州では1960年代後半からの大量消費社会から始まってはいるが，第

3次産業が社会の主要部分を占めるという点では，現代に近い時代であるといえる．1980年代以降消費の中心が規格大量生産品の消費から個性的な消費に移行し，さらに1990年代以降の情報化が本格化した時代に当てはまると考える．それに至る時代は，工業化と規格大量生産品の消費が併存した時代であり大量生産により社会を構成していたと考えられむしろ21世紀になって「他人指向型」が顕著になってきたと考える．

リースマンの『孤独な群衆』を翻訳した加藤秀俊は，「10年後の日本の経済社会」(1965) と題した文の中で，都市化や価値観の変貌—物質主義からの脱却に言及し，「増大する"こと"への支出」として旅行を例にあげ，「数日間のある種の精神的・心理的な快感を味わうことができたというその"こと"に対して金（かね）を払う」というような経験や姿・形のない"こと"にお金を払うようになることを予測している．「物質的合理主義がある程度のところへいけば"もの"以外のある種の精神的価値，精神的満足を与えてくれるような価値に対して金（かね）を払う姿勢がでてくる．」

現代では，日本において若い世代の人々のノイローゼやうつ病などが増え，若い人々が外国などの外部へ積極的に出なくなり，自動車に興味を失っているのも「他人指向型」の現れであるといえる．現在では，若者は自動車に興味がなく，特に東京での免許取得者は，50％台に落ち込みつつある．20年以上前の若者の余暇の過ごし方のトップは，「彼女をさそってドライブ」というのがトップであったが現在では，ドライブは，ベスト20に入っていない．現在の余暇の過ごし方のトップは，「自宅でうだうだしている」ことであり他人指向型の社会特に人間関係中心の社会に疲れているのかもしれない．現代のクルマはワゴン車などの実用車が中心で魅力がなくなったことも原因の一つであり，環境問題などマイナスなイメージが大きくなったのかもしれない．

ボードリヤールは，『消費社会の神話と構造』の中で，「現代の疲労には，原因がない．それは筋肉の疲労や体力の消耗とは無関係だし，肉体の酷使のせいで生じるわけでもない．もちろん精神的消耗やうつ状態や心理的原因に

よる全身疲労などがいつも話題になっているのはたしかで，この種の説明は今や大衆文化の一部となり，どの新聞でも（そしてどの会議でも）取り上げられている．」「消費社会の主役たちは疲れ切っている．」と書いている．皆，疲れているのかもしれない．特に日本社会の若者たちは，野心も目標もなく限界的差異化競争にも人間関係にも疲れ切っているのかもしれない．

　第3次産業が中心になると，その産業の性格から人間関係が重要になり，ビジネスが成立するのが大勢の人が住む都市であり，都市への人口集中が起こる．

　第1次産業：農業，漁業，林業，第2次産業：鉱業，建設業，製造業，に対して，第3次産業は，電気・ガス・水道，運輸・通信，流通，金融・保険，飲食，不動産，サービス業であり人口が集中している都市特に情報や交通の大きなハブをもつ大都市が向いていることが分かる．日本では，都市とその周辺に人口の多くが集まっており，特に東京圏への一局集中が起こっている．東京の都市部には，実に3,700万人近くの人口が集中している．

　都市の大きさは，べき乗則に従うことが知られているが，行政区画毎に比べても2位の横浜市，3位の大阪市などと比べてべき乗則で比較するには，東京は区部のみで十分であり全都の人口はべき乗則を大きく外れて異常な値を示している．

1-1. 情報社会――ポスト消費社会

　消費社会が有形の財であるモノを中心として展開していきやがてそれが記号化しいく過程は，ネットワークが発達したデジタル時代になると「所有」から「アクセス」の時代すなわち非物的な財が価値を持ち，購入，所有，蓄積といった行為からアクセスの経済というべき現象にとって代わるとジェレミー・リフキンは，『エイジ・オブ・アクセス』の中で述べている．アクセスの経済の中では，無形の時間や知識，文化ばかりでなく有形のモノも形を変えてアクセスによるビジネスモデルへと変容していきネットワークと相互接続の環境の中で新しい状況が生まれている．

常に人と対峙して暮らす状況が日常化して仲間集団との同調性を気にする時代には，Social Media はまさにうってつけのツールであり単なるネットワークではないのである．

リースマンの言う脱工業化社会では，第3次産業が産業の中で多くの位置を占めるのが消費社会であると考えられる．それでは次の時代にはどのような社会になるかと言えばインターネットの普及率が人口の主要な部分を占めるような社会である情報社会であると考えられる．

2. 社会の存立の4つのフェーズ

ドイツの社会学者，フェルディナント・テンニースは，産業革命後の近代国家では，共同体「ゲマインシャフト」から社会体「ゲゼルシャフト」へと移行したことを論じた．すなわち人格的な関係 personal から近代国家，都市，会社といった機能組織体としての脱人格的な関係 impersonal に移行したと考えた．

見田宗介は，さらに意思的：自由な意思による関係 voluntary と意思以前的：意思以前的な関係 pre-voluntary を付け加え社会を4つのフェーズに分類した．

- 共同体 community（＝即自的な共同態）伝統的な家族共同体，氏族共同体，村落共同体　　宿命的な存在として存立
- 集列体 seriality（＝即自的な社会態）市場における個々人「私的」な利害の追求，市場法則
- 連合体 association（＝対自的な社会態）会社，協会，団体．特定の限定された利害や関心の共通性，相補性等々によって結ばれた社会
- 交響体 symphonicity（＝対自的な共同態）「コミューン的」な関係性のように，個々人が自由な意思において人格的 personal に呼応しあうという仕方で存立する社会

図2-1　社会存立の4つのフェーズ

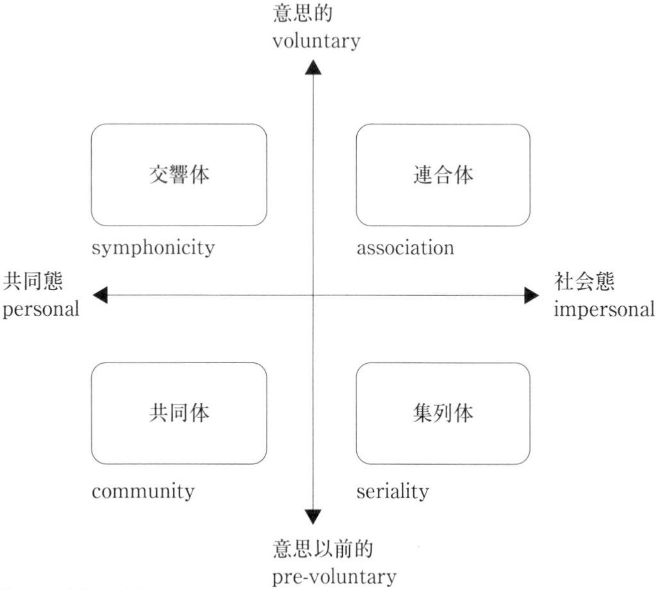

```
                    意思的
                   voluntary
                      ↑
         ┌─────────┐     ┌─────────┐
         │  交響体  │     │  連合体  │
         └─────────┘     └─────────┘
         symphonicity     association

 共同態  ←──────────────┼──────────────→  社会態
personal                 │               impersonal

         ┌─────────┐     ┌─────────┐
         │  共同体  │     │  集列体  │
         └─────────┘     └─────────┘
          community        seriality
                      ↓
                   意思以前的
                  pre-voluntary
```

（出所）見田宗介：社会学入門

　これら4つのフェーズは，持続型社会やワークライフバランスを目指す現代社会ではより複雑化しており，普段の仕事は会社等で働き，自宅では環境に配慮したワークライフバランスを目指すコミュニティを大切にする共同体で暮らし，休日や休暇ではボランティアを中心とした交響体で活躍するといった複雑で多元的な活動になっている．すなわち一人の人格の社会の中での活動が一元的なフェーズでは表現できなくなっており自分の意志によりさまざまなフェーズを同時に生活している．さらにネットワーク利用の観点から見てもさまざまなフェーズで活躍するようになってきている．重要なのは社会がフェーズを規定していた時代から自分のさまざまなシチュエーションでフェーズをチョイスしている点が重要だと考える．このような社会では，自由と安全の考え方がより複雑化して，情報システムも従来の一元的なアイデンティティ管理や閉じられた組織内部のシステムでは，クラウドやグローバリゼーションへの対応，多様性のある働き方による成熟社会には対応でき

ない時代がきている.

3. 自由と安全の考え方の多元性

　米国とヨーロッパでの自由と安全の考え方の差異についてジェレミー・リフキンは，その著作『ヨーロピアン・ドリーム』(2006) で次のように述べている.

　アメリカ人の考える自由と安全の考え方は次のようである.
1. 自由とは自律性と結びついている
2. 自律には財産が必要
3. 富を蓄積すれば独立できるようになる
4. 人は自主独立し，他者から隔絶することによって自由になる
5. 富は排他性をもたらし，その排他性が安全をもたらす

　オートロックのマンションや地域を高い塀で囲み入口に警備員のいる検問所を設ける住宅地等がこの例で排他性により安全を確保するが同時にコストがかかるため富が必要となる.

　ヨーロッパ人の考える自由と安全の考え方は次のようである.
1. 自由とは帰属することである
2. 他者と無数の相互依存関係をもちそれにアクセスできること
3. アクセスできるコミュニティが増えるほど，満たされた有意義な生活を送るための選択肢や機会が増える
4. 他者との関係が包括性をもたらし，
5. 包括性が安全をもたらす

　ここでの包括性とは inclusivity のことで排他性の対極にある．日本の地方でのコミュニティやヨーロッパでのアパートなどでドアを開け放したりして鍵をかけなくても安全を担保する考え方である．この包括性の考え方は，同質な社会に異質なモノが侵入するとかえって目立つことになるから安全を確

保するという考え方である．

　ヨーロッパの考え方の基本にあるのは，持続型成長の社会や国際性の大切さで，際限なき物質的成長よりも持続可能な発展を望んでおりキャリアよりも，自己実現や，社会の豊かさ，社会的な団結に重きをおいている．すなわち，富の蓄積よりも生活の質や文化の多様性を重んじて個人の自律よりコミュニティの結びつきによりグローバルな協力を重要視しそれにより人間性の実現を図り働くために生きるのでなく，生きるために働くという考え方である．

　2002年に実施されたギャラップ社の世論調査によれば大多数のヨーロッパ人は，「政府の干渉なく個人が自由に目標を追求できるようにするよりも，政府が誰も生活に困らないようにすることの方が重要である」と考えている．

　世界の富裕国すべての国民の中で，政府の干渉なく目標を追求する自由が大事だと見るのはアメリカ人だけで，そうした回答が過半数（58％）を占める．政府が「誰も生活に困らないようにするために，意欲的に対策をとる」ことを好ましいとするアメリカ人は，34％である．

　貧しい国々へ援助を拡大することについても，ヨーロッパ人の70％近くが，もっと援助を増やすべきだという意見をもっている．アメリカ人の半数近くが，富裕国による援助は現在でも多すぎると見ているという考え方と大きく異なる．

　目下の緊急の課題として，ヨーロッパの人々は69％が環境保護をあげているが，環境問題を懸念するアメリカ人は4人に1人にとどまり，際立った対照を示している．

　ヨーロッパ人の56％が「環境の悪化を止めたいのなら，我々の生活と発展の様式を根底から変革する必要性がある」と考えている．また，価値観の中で非常に重要，あるいは大いに重要と思うことは何かという質問に対して95％が「他人を助けること」を重要事のトップにあげている．

　人をありのままに尊重することを92％が非常に重要と考えており，84％

が，よりよい社会の創出に参加することを大いに重要と捉え，79％が，個人の発展にもっと時間と労力をかけることに賛同している．

　高収入を得ることが非常に重要，あるいは大いに重要だと回答したのは，半分以下（49％）にとどまった．つまり，このアンケートであげられた8つの価値観のうち，金銭的な成功は最下位であった．

　また，ヨーロッパの人々は，人間の普遍的な権利と自然の権利を擁護しており，そのための規定が採択されれば従う心づもりがある．平和で調和のとれた世界に生きることを望み，この目的の実現に向けた外交政策と環境政策の推進を，ほとんどの者が支持している．

　10人中8人のヨーロッパ人が，自分たちの生活に満足しており11項目の中から20世紀の大きな成果を選ぶという質問に対して「自由」が1位で，「生活の質」という回答が2位で58％にのぼった．

　これらをまとめると，

1) European Dream
   ① 自由の概念：相互依存性，包括性
   ② 目的　　　：持続可能な発展
   ③ 生活形態　：人間性の重視，生活の質
   ④ アイデンティティ：多文化社会での共存
   ⑤ 理念　　　：世界主義

2) American Dream
   ① 自由の概念：自律性，排他性
   ② 目的　　　：経済成長＆自己実現＆覇権
   ③ 生活形態　：勤労理念，白昼夢
   ④ アイデンティティ：アメリカへの同化
   ⑤ 理念　　　：アメリカ至上主義

（ジェレミー・リフキン『ヨーロピアン・ドリーム』（2006）より）

建築家山本理顕は，自分の母親が介護を必要としたときに建築家としてどのような家を設計したらよいかという問いに答えるためガラス張りの家を作った．それにより，寝たきりの母親からは，家中の家族が見渡せ，家族からは，母親の様子を常に見守ることができるようになった．これは，透明性による相互依存性と包括性による自由と安全の概念である．山本理顕は，その後葛飾の家，横須賀美術館，東雲住宅，韓国ソウル郊外 Pangion の住宅等の作品にこの考え方を取り入れ，外部から何をしているかが見えるようにし自由と安全の従来の概念を変えようとした．これは，昔からあるコミュニティの考え方でありそれを現代に実現しようとした．東雲住宅では，高層住宅の中にボックス型をした広場があり隣近所で集まったり，花火を鑑賞したりできるようにしてコミュニティの活性化を図っている．

トランプ政権の登場は，まさに本来のアメリカ的な考え方への揺り戻しであり，自律して経済が実施できる閉じた世界では成り立つかもしれないがグローバリゼーションの中でどのようにローカルな考え方との折り合いをつけるかの試金石でもあると考える．

宗教との軋轢やコンフリクトも根本には，従来の考え方とグローバルとの関係だけでは解決できない問題である．

経済はグローバル化して政治はローカル化しているという，相反する社会理念の根底には情報流通の低コスト化とインターネットの存在が欠かせない．ベルリンの壁の崩壊には衛星放送の普及すなわち情報発信と受信の低コストがあったといわれている．インターネットは，限りなくゼロに近い情報コストの上に，望めば無限の情報量と六次の世界といわれるスモールワールド化したネットワーク理論による人々の結びつきも，Facebook の利用者がもうすぐ20億人に達することを見ても現代社会は多元的な考え方の上に成立していることを理解しなくてはならない．

4. ポストモダン的考え方——ボードリヤール

　ボードリヤールは，二項対立の無効化として肯定的なモノ，清潔なモノのみを受け入れるような社会では，人間は重大な危機にさらされると指摘した．その例として，自己免疫性の低下という危険な免疫不全やウイルス的な悪（＝病）により致命的に犯されることをあげ「透きとおった悪」と呼んだ．差異自体のハイパーリアル化から記号的差異——普遍化されたソフトなシミュレーションにより「差異」から「他者」へのシフトが始まったことを指摘した．また管理社会において閉じた世界をクリーンにしすぎたり，反抗的な否定性を追放し，従順な肯定性だけを維持することはまた新しい危機を生むことになると考えた．あまりに清潔で人工的な社会には，抗生物質が効かないようなウイルスやスーパー雑草と呼ばれる農薬が効かない雑草が登場したりする．安全と考えられているクローズされたPCや組織のシステム世界にコンピュータウイルスのように一旦悪い影響を与えるモノが入り込むと極端な脆弱性を誘発し内部のシステムが急速に犯されることが指摘された．

　「批判的理性（つまり近代的理性）には接近不可能な，異常で，異様な暴力が急速に巨大化する」，追放されたはずの悪と否定性の復活によりラディカルな他者，フーリガン，エイズウイルス，コンピュータウイルス，異物として移植される臓器などが問題となる．

　戦争と戦争の不在，情報と情報の不在が同時に進行する非ユークリッド空間であり，ボルヘス流にいえば「鏡の向こう側」の世界に「多重に屈折したハイパー空間」による合意と他者性の問題が存在する．冷戦構造の終結は，地球上から二者闘争的な対立の消滅により「合意」と「調和」による「世界新秩序」のスローガンが掲げられたが，根絶しきれない他者が数多くうごめいている．西洋から見ると，イスラム，外国人労働者，少数言語使用者，西欧中心主義に組み込まれない「異文化」の担い手たち等々であり，「湾岸戦争」が「合意の大勝利」で終わっても解決されない問題が多く残されること

を述べた．この構造は，イラク戦争にも引き継がれた．

4-1. バーチャルからシミュラークルへ

ネットワーク上特にインターネット上の世界を表すのにバーチャルという言葉がよく使われる．一方では，複製芸術に関する考え方があった．ベンヤミンは，アドルノらの文化産業論に先立ち「複製技術時代における芸術作品」を著し，石版から写真，映画に至る複製芸術の発達について考察している．芸術の本質は，「いま」「ここ」にしかない一回性であり，複製は芸術のアウラを消失させる．アウラの根底は，芸術の儀式性にあり，複製芸術は，美の基盤としての儀式的な一回性から切り離していくことを論じた．これにより美の準拠枠は，「礼拝的価値」から「展示的価値」へと重心を移す．この変化に文化的創造性を大衆の側に奪還する可能性を示し，はじめは，巨匠の複製から始めるが，やがて無数のアマチュアや普通の人々が，複製技術をコミュニケーション手段として用いて作品を創造する主体となる可能性を示唆した．これは，考え方によっては，デジタル技術により制作コストの低減と特別な設備に依存しない仕組みができた現在の Social Media の出現を予感させるものである．

さらに，20世紀後半の「ポストモダンの考え方」では，

1. 芸術が特権的な立場に立つことの否定と，芸術と日常生活の境界のあいまい化
2. 強いメッセージ性の排除と鑑賞者による解釈や参加の余地を重視する創作態度
3. オリジナリティへの疑いと模倣（パスティーシュ）や引用，貼りつけ技法（コラージュ），折衷的表現の容認
4. 反機能主義と，機能主義に抑圧されていた情緒性，遊び心，空想，ナンセンスの復権

などが訴えられた．

ポストモダニズムの論点として，

1. 大きな物語の解体，すなわち社会を統合する基本理念の弱体化傾向の指摘（リオタール「ポストモダンの条件」）
2. 既存の哲学・思想の脱構築，すなわち既存の哲学や思想が普遍的なものではありえないことを具体的に暴く作業（デリダ）
3. 社会を統制する権力が，規則に基づく統制から情報による管理へと変化したことの指摘とその分析（フーコー，ドゥルーズ）
4. 情報環境の変化による，シミュラークル（模倣ないし複製されたもの）の製作の活発化と，それによる文化変容の分析（ボードリヤール）

が議論された．

リオタールは，大きな物語すなわち共通の理念や倫理といったものが解体したことを主張した．「現代では諸科学を支える共通の倫理や理念（大きな物語）が不在になり諸科学が方向の定まらないままに研究を進めている．」

「共産主義に代表される政治的イデオロギーの弱体化や，市民生活における共通価値の喪失」すなわち，共通の理念や共通価値の喪失によりリースマンが主張したような「他人指向型」社会での「不安」を増長した．

ポストモダン的文化としては次の3点があげられる．

1. 脱合理主義……人々は近代社会に特徴的な合理主義的価値観を嫌うようになり，非効率的，非合理的な行為に意味を見いだすようになった．
2. 脱構造化……近代社会の文化的統合が弛緩し，人々を拘束していた価値観や規範が流動的になるとともに，人々を区分していた境界も曖昧になった．
3. シミュラークルの優越化……創造性やオリジナリティを重視した近代の価値観に反して，膨大な量の模倣や複製化が行われるようになり，その文化的意義も増大した

本来の「ポストモダン」とは，「大きな物語への不信」よりは「新しさへの信仰への不信」といった意味合いで，建築家のチャールズ・ジェンクスが『ポストモダンの建築言語』(1977) の中で「近代建築がその最終ユーザーとコミュニケートできなかった」，「プロフェッショナルな要素とポピュラーな

要素，新しい技術と古いパターンの両方をベースにした建築」を「ポストモダン」と名付けたことから始まっている．

ボードリヤールは，彼の論じた消費社会の進展をシミュレーションの時代と呼び，デザイン化された物は，シミュレーションのモデルとしてわれわれの目の前にあらわれ，「デザインの操作」により，モノそれ自体が差異化し記号化される段階であり，このような時代をシミュレーションの時代と名付けた．

時代とともに3つの領域として示した．
1. 模造（contrefacon）ルネッサンス──産業革命
2. 生産（production）産業革命以後の「アウラの消滅」をした大量生産品は常に複数制を伴うとともにどれがオリジナルか分からない，「オリジナルの不在」を現出した．
3. シミュレーション（simulation）

ボードリヤールは，「表象」（representation）と「シミュレーション」の根源的な差異として，表象は「再もしくは現前」という語意を含み，目の前の現実を別の場所で再現する現実を反映する記号であるとした．すなわち，現実が先に存在し，その後現実に似せて表象を作成するということである．ところが，シミュレーションは，現実の存在を前提としていないと考えた．

これは，オリジナルとコピーという二項対立を乗り越える考え方で，現実とイメージの関係を4段階に分類した．
1 奥行きをもつ（三次元の）現実の反映としてのイメージ
2 奥行きをもつ現実を覆い隠し，変質させるイメージ（表象からシミュラークルへの移行）
3 奥行きをもつ現実の不在を隠すイメージ
4 どんな現実とも無関係な，純粋なシミュラークルとしてのイメージ

第4段階のシミュレーションの時代のイメージは，「何かを覆い隠す記号」から「何もないことを覆い隠す記号への移行」としてラテン語を語源とする

シミュラークル（simulacre）と名付けた．シミュラークルは，「異教の偶像」という意味で存在しない不在の神々の「似姿」を表し，「現実」の模造から生産をへてシミュレーションへといたる複製技術の指数関数的な発展の果てに，自立した場面としての性格を失いシミュラークルに置き換えられてしまう時代の到来を予告した．

このような状況の中でボードリアールは，「理性」，「主体」等の原理が，消費社会では現実性を失ってしまい，新しさが「進歩」であるという近代起源の強迫観念が信じられなくなった．現実そのものを思想（＝理想）によって変革し改善することで進歩がもたらされるとした歴史的「近代」を過去の遺物としハイパー現実の可能性を示唆した．彼は，「モノやサービスや物的財の増加によってもたらされた（過剰な）消費と豊かさ」と「人類の生態系の根源的な変化」を地球規模での消費社会化の進行が飽和状態をもたらした，社会の新しい段階として4段階を考えた．

1　自然的段階（前近代）
2　商品的段階（近代）
3　構造的段階（ポストモダン　近代後期の意味）
4　価値のフラクタルな段階

4-2. デジタル化による人間行動の変容

象徴的有効性に関しては，マーケティングで行動の画一化がなされ，グループの非個別化や個別の特異性を失う可能性が指摘されている．特異性を主張する能力が減少することにより他者の尊重について疑問を抱き，超自我の尊重とも呼べるように変化した．さまざまな欲求に関するエネルギーすなわち「リビドー」（ユング流ではあるが）により自分を愛せなくなる「自我理想」すなわち他者も尊重しなくなることにより欲望がなくなる可能性が存在する．

ボードリアールは，『パスワード』の始めに，

「パスワード……．この表現は，事物の内部に入るための，ほとんどイニ

シエーション的なやりかたを，かなりよく素描しているように思えるが，だからといって，それは事物の一覧表を作成するやりかたではない．なぜなら，言葉は思考を発生させ，思考を運ぶとはいえ，もっとよく見ると，じつはその反対なのである．魅惑と呪縛のオペレーターである言葉は，思考や事物を伝達するばかりか，言葉自身が変身をとげ，らせん状の進化をつうじて言葉どうしで変態しあうのだ．こうして，言葉は思考を越境させるひそかな案内人となる．」

と書いて言葉の意味について述べているが，知識も知識それ自身を固定化してしまう恐れがあり思考の伝達を束縛しかねない．三階層モデルにおいても，幾何学において固定化していた角度の概念を解き放ったリーマン面のように，らせん状に思考を発展させていく仕組みの本質によって，別のレーヤーの存在そのものが重要であると考える．

4-3. 透きとおった悪の考え方

ボードリヤールは，「もはや現代社会では社会を組織する様式としての本来の交換はない」，もしあるとすればテロリズムだと述べていた．「象徴交換と死」(1976) では，市場における価値の交換が形骸化していることを予測した．マスメディアも現実の幻想のみの提供になり交換価値の提供が出来なくなることを指摘していた．メッセージの消費という言い方で記号や意味の差異を乗り越えて情報社会では現実のものとなっている．

5. Cloud と Crowd —— 2006 年からの発展

雑誌 Times は，年度末の最終号でその年に最も活躍した人物を「Person of the Year」として選出し表紙を飾るのが習わしである．2006 年の Person of the Year は，「You」が選ばれた（2010 年度は，Facebook の創業者・CEO のザッカーバーグである）．広告の専門誌である Ad-age は，同じく 2006 年度の

「Agency of the Year」に「Consumer（消費者）」を選んだ．どちらも，個人がクチコミなどを通じて大きな働きをした年であったことを示している．また，この年はインターネットデータセンターにおいて，メガセンターと呼ばれる CPU5 万台以上の大規模データセンターが登場し，Cloud Computing が本格的にスタートした年でもある．

　Cloud（雲）の上の Crowd（多数の人—市民）とも呼ぶべきインターネット上の新しい仕組みが登場した．Crowd ソーシングという Crowd にタグ付けなどの仕事をアウトソースする方法も多くの成功事例が報告されるようになり，Crowd という言葉は世間に知られるようになった．Social Media（Social Networking 等）は，Cloud の登場により Cloud の機能をフルに利用して大きく発展・変容した．従来，動画・写真投稿サイト，マイクロブログ，ソーシャルネットワーキングサイトなどさまざまなシステムが稼働しており，Social Media，Social Marketing，Social Technology，などさまざまな呼び名が与えられていた．Facebook は，2010 年 7 月にアクティブユーザーが 5 億人を超えグローバルなコミュニティを形成し，米国大統領選でのインターネット利用や 2009 年と 2010 年のスーパーボウルの広告戦略の変容を見ると社会の根幹に係わるような変容が見られる．何が変わりつつあるのか，変わったのかを考えてみたい．

　すでに多くの人が，Social Media をコミュニケーションツールとして利用している．Social Media の定義は，定まったとはいえないが「誰でも利用できるインターネットや Web などの基盤技術を利用して人間の社会的繋がりにより広がっていくメディアの総体」であるといえる．

　一方，2008 年 10 月に「Economist」がクラウドの特集をした．

　2001–2006 年の間に，サーバー数は 2 倍になりサーバー当たりの消費電力 4 倍 1,180 万台のサーバーが，データセンターにあるが実際には，能力の 15％しか利用されていない．しかし，データセンターは米国の電力の 1.5％を消費している．2000 年には，0.6％，2005 年には，1％を消費していた．現在のグリーン技術でこれらは 50％カット可能であると言われている．デー

タセンターは，単位面積当たりオフィスの100倍のエネルギーを消費し世界のCO_2の2%を消費している．これは，飛行機が出すCO_2とほぼ同量である．企業内のデータセンターは，システム進歩に追いついていないこと，特にネットワーク化に問題があることを指摘している．米国では，情報システムへの投資の収益性が問題であり，米国の企業内データセンター約7,000の中で使用されているサーバーは，6%しかなく30%はすでに使われていないことをクラウドが登場した背景として説明している．2008年の半ばまでにすでに約70%の人が何らかのクラウドを利用していて18歳から29歳までの世代では80%を超えることを示している．

Social Mediaの代表としてFacebookの歴史を振り返ってみると，

2004年Harvard大学のSocial Networking Siteとして設立，全米の一流大学が次々と参加した．

2006年9月，一般の人々にOpen（同年Amazon Web Servicesがクラウドのサービス開始，メガデータセンターの時代）．

2007年5月，プラットフォームを公開し外部の人が作成したApplicationを公開可能にした．また，Facebook Adsにより友達の行動（購買等）をリアルタイムで伝える仕組みを公開した．2007年2月のユーザー数は1700万人．

2008年5月，日本語版公開，秋Facebook Connect公開，暮に本格稼働．

2009年に飛躍的にユーザー数が増大した．4月―2億人，7月―2億5千万人，9月―3億人，12月―3億5,000万人．

2010年，2月初め―4億人，7月―5億人超える．

2017年現在，20億人超える．

2010年春には，下記のようなデータが公表されている．

- 月間訪問者（ユニークユーザー）数は4億人，そのうち70%は米国外
- 毎日ログインしているユーザー数は2億人
- モバイルでのユーザー数は1億人，25%
- 毎日ステイタス・アップデートしているユーザー数は3,500万人

- 平均滞在時間は日次 55 分（アクセス 6 時間）
- 平均友人数は 130 人
- 平均参加グループ数は 13 件
- 月間イベント紹介回数は 3 回，ステイタス・アップデートの月間投稿数は 18 億件
- そのうち写真の月間投稿数は 30 億件
- 新規イベントの月間作成数は 350 万件
- ファンページ数は 300 万件
- うち企業運営は 150 万件，ファン数合計は延べ 53 億人
- 毎日新規に延べ 2,000 万人増加
- Facebook アプリの総数は 50 万件
- アプリ開発者は 100 万人
- 100 万人以上の月間訪問者を持つアプリは 250 件超
- Facebook Connect を利用しているサイトは 8 万件超
- Facebook Connect を利用している外部サイトからの利用者数は月間 6,000 万人超
- 米国トップ 100 サイトの 67％が Facebook Connect を利用
- 世界トップ 100 サイトの 50％が Facebook Connect を利用

以上のような巨大ネットワークに短時間で拡大した．これは，経済で言うところのある一定の閾値を超えるとその後急速に拡大するネットワーク効果である．

Facebook の大きな特徴は，リアルタイム性にある．それまでの，ネットワーク上，インターネット上の多くの Web やアプリケーションは，リアルタイムでは動かないものがほとんどであった．SNS やブログも RSS フィード等を利用して変更や書き込みがなされたときに通知されそれによりユーザが新しい情報を見に行くといった方法が主流であった．インターネットのようにパケット通信の仕組みをもったものでは，リアルタイム性を追求するには多くの負荷を伴うためチャットなど特別な場合を除いては実現されていな

かった．メールもリアルタイムで動いてはいない．

　現在の Social Media の多くは，リアルタイムで動くプラットフォームをもっておりそれが多くの人にコミュニケーションの新しいツールとして迎え入れられたのは確かである．ノルウェーなどの北欧の国では，人口の 50％以上が Facebook を利用している．インターネットを利用している人は多くの国で国民の 70～80％であるのでこの数値は驚異的である．特に若い人は，コミュニケーションツールとしての利用が盛んで，大学では，教職員のコミュニケーションツールがメール中心であるのに，学生は Social Media をコミュニケーションツールとして利用しており世代間のギャップが生まれている．2009 年には，米国では，e-Mail アドレスの発行を取りやめた大学も出始めた．

　米国の大学生特に一流大学の学生は，就職のプロモーションのため Facebook の内容を就職担当者に公開しており，リクルートする方も Facebook 上で活躍している人間には，会社の方から勧誘するような状況になっている．米国の会社では，Social Media を 80％以上の企業がすでにリクルートのために利用している．さらに，米国で結婚した 8 組のうちの 1 組は Social Media を通じて知り合ったことも報告されている．インターネット上のトラッフィックでも 2010 年 3 月訪問者数で Facebook が Google を抜いたことが専門の調査会社から発表されている．

　Facebook が成功した理由は，いくつかあげられる．

1. 2007 年にオープンなプラットフォームを発表し稼働させたのは歴史的に大きく評価されること．Google の "OpenSocia" は，Facebook に対抗するために発表したと理解していること．
2. 2007 年の 2 月のデータではユーザーが 1,700 万人ぐらいの人数だったこと．それにもかかわらず技術としての Web Services の発展を Web2.0 のような抽象的な概念でなく実際に見える形で示したことは評価される．
3. Citizen Centric（EU での 2004 年頃から電子政府の基本方針．この議論には

筆者も参加している）の仕組みを提供していること．供給側の論理ではないこと．結果としての，人間中心の仕組みが成立していること．そして，アプリケーションや Web をオープンなプラットフォームに連携させてシームレスにアクセスできるようにしたこと．結果として人間のソーシャルグラフを中心としたオープンなネットワークが成立したこと．

4. コンテンツを集めるのとそれを作る人間を集めるのとどちらがいいかといえば，集めるコンテンツを創造する人間を集めその人達のプラットフォームを提供する方がよいに決まっている．そこでは，想像もつかない新しいことが生まれる可能性がある．これは，シリコンバレーの人々，特にビジョナリーと呼ばれる人々の基本的な考え方であり，インターネットの基本思想である「人間の知識をいかに増大させるか？」というバネバー・ブッシュ以来の考え方に沿っているのだと思う．

2007 年に Dave McClure（Facebook オタクと呼ばれている）は，この年 Stanford 大学で寄付講座を担当しておりヒッピー 40 周年と Facebook 元年であると述べている．彼は，「露出を高めるための Facebook 活用法」を発表している．それによると，

1. ソーシャルグラフを作る：プロフィールとプライバシー
2. コネクションを作る：ネットワーク，グループ，イベント
3. フィードの必要性：ソーシャルな活動のストリーム
4. コンテンツの共有：共有と人——ストーリーやメディアのタグ付け
5. 未来へのアプリ：プラットホーム，API，アプリケーション
6. お金を払って参加する：広告ネットワーク，スポンサー付記事，有料配信
7. 「Show Me The Bunny」：プレゼント，ポイント，バーチャル通貨

細かい仕組みは変化しているが基本は変わっていない．

さらに，Twitter のようなマイクロブログと呼ばれる簡単なメッセージをリアルタイムで交換する仕組みも急成長している．Facebook と Twitter は，相互に連携して動くようなシステムが構築されている．

米国では，すでに企業の多くがマーケティングや広報宣伝活動に Social Media を利用している．その象徴的な事例が米国大統領選挙と Super Bowl における広報宣伝活動の変容である．

2008 年の大統領選では，オバマ陣営は公式ホームページはじめ 16 のサイトを利用したがもっとも貢献したのが Facebook である．2008 年 11 月 4 日の選挙当日 Facebook 上の友達リスト 230 万人ですでにこのとき Facebook で応援するのが Cool であるという評判が立っていた．マケイン候補の友達は，62 万人であった．2009 年 4 月にオバマ大統領の友達リストは，600 万人を超えており 1 人が平均 130 人の友達を持っているとするとクチコミでの影響力は大きい．そしてオンライン献金での総額は 7 億 4500 万ドル（約 735 億円）に達し実に 395 万人の人が献金した．これは，民主党内で候補の座を争ったクリントン候補の献金の主要な部分は 1 人 100 ドル以下でクリントン候補の主要な献金は 2,300 ドル以上であることから見てもその草の根的選挙戦の実態が明らかになる．

Super Bowl は，アメリカンフットボールの王者を決める米国最大のスポーツイベントでこのときの TV に流すコマーシャルの評判が企業の売り上げに影響するということで各企業は当日放映まで CM の内容を極秘にしていた．2009 年度の Super Bowl ではペプシの 3D のコマーシャルなどが評判になった．

2010 年度の Super Bowl で，コカ・コーラは，「社会を幸せにしよう」→「オープンハピネス」というキャンペーンを行い，Facebook 上でコカ・コーラのボトルをイメージした無料の仮想ギフト（写真や絵）を準備し，参加者が友人にその中から気に入った仮想ギフトを選んで贈ることを促すキャンペーンを行い，実施した人には，コカ・コーラが社会貢献として米国少年少

女クラブに1ドルを寄付することを行った（最大25万ドル寄付）．さらに，Super Bowl 当日に放映される予定の CM の1つのチラ見を許可しクチコミで広めようとした．

バドワイザーは，Facebook 上の企業のファンページ上で Super Bowl 放映予定テレビ CM の動画候補作品3本を公開し投票で当日放映される CM を選ぶ投票権を与えた．Super Bowl の放映権は，30秒3億円といわれバドワイザーは総計5分間確保していた．この投票は，クチコミで Facebook 上に広まった．

前年度評判の高かったペプシは，Super Bowl のコマーシャルから撤退し2,000万ドルを Facebook 上のペプシリフレッシュメント計画に投下し6つのジャンルの社会貢献，環境（食料と避難所），近隣のコミュニティ，健康，教育，アートと文化，プラネットから意欲ある Crowd から具体的なアイデアの募集をし投票によりカテゴリー毎に毎月32プロジェクトに総額約130万ドルを提供した．

ペプシコは，コカ・コーラに対して Social Media の中では後れをとっているため Super Bowl の放映料約3分の料金をこのプロジェクトに投入した．ペプシコの副社長フランク・クーパーは，「一つのイベントや瞬間にこだわることなくムーブメントを作り出す必要」によりこのプロジェクトを実施したとしている．

コカ・コーラは，社会貢献心理をマイクロペイメントにより呼び起こし，単なるマスメディアとしての TV ではなくクチコミを利用したソーシャル TV というものに拡張した．ペプシコは，人々が共感するソーシャル・テーマを選ぶことで1年という長期間にわたり参加型でストーリーが展開されブランドコミュニティの増大を図ることができる．

2009年には，バーガーキングやスターバックス等も Facebook 上で特徴的なマーケティング活動を行った．スターバックスは，アイスクリームを発売するに当たり1時間毎に800枚の無料券を抽選で Facebook 上で配布し各世帯1枚限り1日20,000枚米国のみで実施した．当たらない人には，1ド

ルの割引券を配布しクチコミで広がり企業イメージが UP した．バーガーキングは，「Wopper」プロジェクトを実施した．Facebook 上の Wopper アプリケーションの上で友達 10 人を削除するとハンバーガー 1 個の無料券がもらえるというもので発表されてから数日間で 23 万人が犠牲になった．削除された人には，メールで連絡が行くという手の込んだもので企画した広告代理店 Crispin Porter + Bogusky（CP+B）の名を広めると同時にネット上に 3,200 万人が書き込みをしたという大きな効果を生んだ．このプロジェクトの費用は，制作費 5 万ドル以下で通常の広告費用に換算すると 8 倍の費用 40 万ドル以上であったと推定されるが通常の広告ではここまでの効果は期待できなかったことは明白である．

Texas 大の MD Anderson ガンセンターは，予約に Twitter を導入したところ患者が 9.5％増え，Naked Pizza は，Twitter からの注文が売り上げの 68％を占め新規顧客の実に 85％が Twitter からの注文であったという結果が出ている．Harvard Business Review 2010 年 3 月号に Social Media は小規模ビジネスや地域性のあるビジネスにも効果があるという論文が掲載された．

日本でも，日産自動車が発売する電気自動車「リーフ」の発売時の宣伝は，マスメディアは利用せず Social Media のみを使うことを決め Twitter により広報活動を行っている．Honda も，ハイブリッド車「CR-Z」の宣伝に Mixi を利用してハンドルネームのどこかに CR-Z の名前を付け一番広めた人に 1 台プレゼントするというプロジェクトを実施した．当初の予想では，1～3 万人くらいの参加を予想していたが実に 84 万人が参加しクルマの知名度を上げた．2010 年のカーオブザイヤーは，「CR-Z」であった．

米国でも，GM とクライスラーは Social Media を積極的に活用していなかったが Ford は，マーケティングの費用の 25％を Social Media に投下しており新車 Fiesta が発売される前に 18 歳から 35 歳までのジェネレーション Y 世代，すなわちクルマ離れ世代の 37％がすでに認知していたという結果も出ている．

このように，社会貢献やブランドイメージばかりでなく実ビジネスの世界にも Social Media は，大きな影響を与え始めた．

消費者行動のモデルも従来言われていた AIDMA の法則や，AISAS の法則から SIPS の法則に移行していると電通が指摘している．SIPS とは，Sympathy（共感）Interest（興味）Participation（参加）Share（共有）を意味し，P が Purchase でないところが Social Media らしいところである．

Fan ページや Twitter を通じて自分も企業活動に参加するというのが本命で Action（購買）がないのがそれらしいところである．

実際には，対象とするモノにより，AIDMA，AISAS などがなくなったわけではなく世代や対象とするモノに対してモデルが多様に共存（ジェネレーションによる）しているのが面白いところである．

6. 21 世紀の社会へ向けて

「インターネットの主役は誰か？」という問を学生諸君に発すると 1980 年代から 1990 年代は，ネットワークを構成するプレーヤーすなわちプロバイダーであったり，メールや Web のサーバーを運用しているデータセンターなどの答えが返ってきた．主役は，もちろん端末の前にいる人間である．しかし従来のインターネットでは，人間を結ぶ単なる線であり，物理的な道具としてのネットワークであった．

イヴァン・イリイチは，その著『コンヴィヴィアリティの道具』の「はじめに」で人類の三分の二がその生活様式における脱産業主義的な均衡を選択することで産業主義的時代を経過せずにすます可能性に言及している．さらに，現代の科学技術が管理する人々にではなく，政治的に相互に結びついた個人に使えるような社会を「自立共生的（コンヴィヴィアル）」と呼んで三つの価値，生存・公正・自律的な仕事，について論じている．パーソナルコンピュータやインターネットが知識と情報の共有のためのコンヴィヴィアルな

道具としての意味であるがそれがさらに発展したのが Social Media であるといえるかもしれない．

一方人間と人間との結びつきを財として考える考え方に Social Capital（社会関係資本）の考え方がある．Social Capital の定義は，研究分野によって異なるが大まかに「コミュニティーにおける信頼や規範などの人々のつながりやすさ」を表していると考えられる．Coleman（1990）は，「Social Capital はその機能によって定義されるものである．それは単一の問題ではなく，二者の特性が共有する多様で異なる存在である．すなわち社会構造の側面からなり，人的資本や物的資本のように生産的で利益を生ずるものであり，それがなければ到達できないような目的の実現を可能にするもの」と考え，Putnam（1995）は，Coleman の定義を民主制の成果の差異説明に応用し，「協調行動の実現により社会の効率を増進させることができるようなネットワークや信頼（trust），規範（norm）といった社会組織の性質」と定義した．Putnam は，2000 年に「孤独なボウリング」を著し米国社会の Social Capital が減衰していることを数多くのデータによって示した．

一方，当時 Harvard 大の大学院生だった，マーク・グラノヴェッターの第 1 論文は管理職や専門職の人に聞き取り調査を行い，「今の職を得るために力になったのは誰か？」ということを調査し，その結果友達ではなくちょっとした知り合いが重要であることを発見した．彼は，1969 年 8 月に「アメリカンソシオロジカルレビュー」に投稿したがリジェクトされ，4 年後の 1973 年 5 月に「アメリカンジャーナルオブソシオロジー」に「弱い絆の強さ」という題でアクセプトされた．現在では古典ともいえるこの論文が示したのは，職を見つけたり，レストランの開業，流行を生み出したり，情報を得たりするのは，友人関係よりその先にある弱い社会的絆の方が重要であるということを示した．「エゴ」すなわち普通の人物は，親しい友人をもつ，それら友人は互いに知り合い社会の中で緊密な部分を構成する．エゴには知人がいる．これら知人が互いに知り合っているのはごく一部で，知人は，親しい友人をもつ別の緊密な構造に組み込まれる．その緊密な構造はエ

ゴの属する構造とは別の存在であることを示した．親しい友人がもたらす情報量は普段からつきあっているので情報理論的にあるいはシャノン的には驚くような情報をもたらすことはまれである．ところが，友人の友人からもたらされる情報量は，普段つきあっている情報量より格段に大きな情報量として示される可能性が大きい．これは，まさに，Social Mediaの中で起こっていることである．

　ネットワークの特性を計算する手法の基準は，ノードすなわちつながりの中心，ここでは人間と考えると，
1. 紐帯の数
2. 距離
3. 媒介性

と考えることができ，実際のSocial Media内の構造は，ある中心となるハブを形成する仲介人が重要な役割を果たしている．ウイルスの伝搬などでも同じことが証明されている．

　しかし，自分からの情報が伝わることを考えると，実際のネットワーク上の「つながり」には，
1. 伝搬する内にだんだん弱まっていく減衰傾向を示すことが多い．
2. ネットワークの安定性の問題，3次の繋がりを超えると不安定になる場合がある．
3. 人間は元々小さな集団での性格に慣れており大きな会議などでも細部のネゴシエーションは，数名の少人数で行われることが多い．

　Facebookを例にとると平均130人の友人がいるので自分を0次とすると友人は1次，友人の友人は2次，友人の友人の友人は3次である．この人数は，イギリスの人類学者，進化生物学者のロビン・ダンバー（Robin Dunbar）が示したダンバー数「それぞれと安定した関係を維持できる個体数の認知的上限」約150人（100〜230人）に近い．実際に計算してみると4次で約3億人に達することが分かる．

1次　　　　130人
2次　　　　16,900人
3次　　　2,197,000人
4次　285,610,000人

となる．Dunber (1993) は，さらに実際の Social Network のサイズについても研究しており霊長類の Social Network のサイズは，グルーミングを行うサイズであることを示し人間は言葉により1対1ではなく1対多のコミュニケーションが実現し1度には2.76人の相手と会話をすることを予測した．この研究は，大学の食堂などのデータを集めて予測が正しいことを明らかにしている．これは，3番目の小グループでの会話の成立を意味している．

実際には，友人の友人とすべて知り合う可能性は0ではないが Social Network が減衰することを考え減衰にべき乗則である Zipf の法則に従うとする．Zipf の法則は，単語の出現頻度を表し都市の人口などもこの法則に従うことが知られている．頻度の高さが順番の逆数で表されることが知られているので下記のようになる．

	人数		Zipf則
1次	130人	(130人)	1
2次	8,450人	(65人)	0.5
3次	365,885人	(43.3人)	0.333
4次	11,891,253人	(32.5人)	0.25

3次のつながりまで考えても実に約37万人の人とつながる可能性が大きいことが考えられる．これは，人間の縦のつながりを考えると分かりやすい．自分の父母を1次と考えると長い間同じ屋根の下で家族として暮らしているのでコミュニケーションは密である．それに対して2次のつながりすなわち祖父や祖母を考えると父母の両方の祖父や祖母と一緒に暮らしているのはまれでありそのつながりは時代の重なりも年齢の差からくるので1次のつ

ながりほどは強くない．曽祖父や曽祖母になると人数は8人になり時間的な重なりはさらに希薄になる．これらが Social Media では，同時代人の横方向に展開するがそのつながりはさまざまである．

シャノン流の情報量基準から考えるとまれな情報すなわちグラノベッターのいうような弱い紐帯をもった人の情報の方がより大きな情報量をもつことになる．

実際には，友達の中でも強い絆と弱い絆がありべき乗則のスケールフリー性が保持されると考えると，130人の中を Zipf の法則により4次までのつながりと考えると1次のつながり48％，2次のつながり24％，3次のつながり16％，4次のつながり12％となる．これは数に直すと，62人，31人，21人，16人になる．

これらの考え方で再計算してみると，（単純化のため性質は保たれると仮定）

	1次	2次	3次	4次
1次	62	31	21	16
2次	3,844	961	441	256
3次	238,328	29,791	9,261	4,096
4次	14,776,336	923,521	194,481	65,536

で　総数（人数）は，

1次	130
2次	5,502
3次	281,476
4次	15,959,874

こちらの方が実感に近いかもしれない．これは，あくまでも平均値で，中にはハブ構造の中心となる人物もいるのでばらつきがあるが平均的姿はこのようなものかもしれない．

個人から見た情報の伝搬力で考えると，伝搬力もべき乗則で減衰し，主として1次から2次，3次，4次と縦方向に伝搬し次数毎にべき乗則に従い横方向への伝搬が減衰すると考えると下記の表のようになる．

1次	1	0.5	0.333	0.25
2次	0.5	0.25	0.1667	0.125
3次	0.333	0.1665	0.111	0.08325
4次	0.25	0.125	0.0833	0.0625

実社会では友人の友人と知り合うのはまれであること（重なる部分はあるにしろ）を考えると，Social Network は，バーチャルなネットワークというよりは，シミュラークルなネットワークと呼んだ方がふさわしい新しい社会現象と考えるべきである．さらに，人間と人間とのつながりを基本としたネットワークは，リースマンが予測した脱工業化社会の「他人指向型」の社会にふさわしい仕組みでありさらに Dunber 数のような人間の Social Network をさらに強固なものにするための仕組みでもある．Social Media 上では，はるかに多くの人とつながっているように見える．Twitter のフォロワーなどや若い人が Facebook の友人として平均よりもはるかに多い数の友達とコミュニケーションしているのを見るとますます忙しくなる一方で，何となく名刺を交換しただけの人も友達になっているような気がする．

ベネディクト・アンダーソンは，「想像の共同体」(1983) で国家や民族というものは想像でつながった共同体に過ぎないことを指摘した．我々の基本理念と考えられていた国家や民族といった共同体は，実際に個人同士が知り合っているわけでなく概念として想像された共同体に過ぎないことを指摘した．それを推進したのは資本主義経済と印刷による情報技術の発展であると論じた．国民国家の成立時期と重なったこのムーブメントは，組織内部の構成員の間で共通の時間と空間の認識が生まれて同朋という意識を共有していった．

「国民は一つの共同体として想像される．なぜなら，国民のなかにたとえ現実には不平等と搾取があるにせよ，国民は，常に，水平的な深い同志愛として心に思い描かれるからである．そして結局のところ，この同胞愛の故に，過去二世紀にわたり，数千，数百万の人々が，かくも限られた想像力の産物のために，殺し合い，あるいはむしろみずからすすんで死んでいったのである．」

「想像の共同体」と Social Media を比較するとトップダウンの考え方かボトムアップの考え方かの違いがあるが，Social Mdeia では，実際のコネクションによりソーシャルグラフの形成といったネットワーク理論的につながっているという概念の共有と想像ではなく，実際にすべての人とリアルタイムでコネクト（共有といった方が適切）できる（可能）という概念は，初めてのものである．

情報社会での時間の消費については，過大な情報の処理についてのゲーリー・ベッカーやハーバート・サイモンなどの研究がある．ベッカーは，情報の消費は，情報という資源の消費とともに再配分できない時間を消費（併合消費）していると主張した．労働時間は，他の人と交換できるが，情報の消費における時間は再生産不可能な財であるとともに市場においても交換できない．

Social Media における時間の消費は，大きな問題で e-Mail は便利なものだけど数が多くなると処理できなくなり情報の洪水に飲み込まれそうになる．悪いことに，情報を送った方は受け取り側の立場など考えてはくれない．ハーバート・サイモンは，情報が豊富になると人々の関心（アテンション）が乏しくなり（欠如），読み取る人の欠乏が起こり人々の理解が不足する．サイモンが指摘したのは，マスメディアからの情報が多くなると情報の受け手が不足することにより情報が消化されなくなる．現代では，マイクロブログ（Twitter 等）のような短い情報を送って多くの人にフォロワーになってもらう方法があり受け手が不足しているとは考えにくいが，べき乗則を考えれば明白であるが，多くの受け手がいるごく少数の情報とそれ以外の多数の情

報は受け手が多くいるわけではない．時間の概念も 20 世紀の考え方である直線的な時間概念からウイリアム・J・ミッチェルが言うような「電子的なネットワークの拡大によって人々の時間観が一変した．時間は流れるように連続していると思われてきたが，デジタル時代の時間は不連続だ．古来の時間の概念は「ボロボロになり始めた」」．90 年代以降情報化が進んだ社会では，多くの知識人が感じているように時間の概念が変わり始めた．時代が大きく変容するときは，時間の概念も変容している．

　総務省の社会生活基本調査などによると時間の消費を活動別に考えると，

　1 次活動──睡眠，食事など生理的に必要な活動
　2 次活動──仕事，家事など社会生活を営む上で義務的な性格の強い活動
　3 次活動──1 次活動，2 次活動以外で各人が自由に使える時間における
　　　　　　　活動

に分けられ，1 次活動は横ばい，2 次活動は減少しつつあり，3 次活動が増大している．これを，ワーク・ライフバランスが進んでいると見るのか情報のための時間消費が増大していると見るのかは今後の推移を見なくてはならない．若い人々の行動を見ていると PC をしながら TV を見たり，コミュニケーションの手段も電話からメールへ，メールから Social Media へと移行しているように思える．欧州の Facebook ユーザーの中でジェネレーション Y と呼ばれる 18 歳から 35 歳までの人々が，50％以上を占めておりデジタルネィティブと呼ばれる若い人々の圧倒的支持を受けているのも，この世代がその上の世代ジェネレーション X と比べても消費行動，時間概念，情報やプライバシーに関する考え方が，大きく変わってきていることは確かであり今後の詳細な研究が待たれる．2003 年に『公共 iDC と c-社会』という本を書いたとき当時言われていた e-社会ではなく c-社会に変わりつつあることを指摘した．イヴァン・イリイチが言ったコンビビアリティ（Conviviality）を軽くみんなで楽しくわいわいやろう位の意味で考えると人間と道具（ネットワーク）の相互依存の復活により他人指向型の社会では Social Media は，まさにうってつけのコミュニケーションの道具であり友達とつながることに

よる監視社会へのアンチテーゼなのかもしれない．

　ネットワーク上の Crowd の出現前は，「大衆」(mass)，「公衆」(public)，「群衆」(crowd) という言葉が使われた．マス（大衆）は，多数の無名または匿名から構成される未組織の集合体と呼べる．通常空間的に散在していて，各々の接触は間接的である．マス・コミュニケーションの受け手としては受動的であり，さらに「公衆」(public) というマス・コミュニケーションによる影響により共通の認識をもつ空間的に散在した世論形成の中心となる人々と区別される．さらに「群衆」(crowd) は，不特定多数の人々が空間的に局在する状況を表している．空間的に分散して共在するという Crowd の新しい考え方は，Social Media 上では Social Graph でつながった状態を指す．本来のグラフは，ノード（節）とエッジ（枝）から構成され，実世界の構造をリンク（関係）で表すことが多く人と人の結びつきがこの構造の中核だと考えると本来のグラフは，人間関係を表すモノであるが社会構造を考えるとリンクの概念まで拡張した概念として捉えた方が自然である．すなわち広い意味で考えると，①人と人との繋がりを表す人間関係から，②個人属性等の人のデータ，③モノやコンテンツといった人間行動に関するデータや履歴等の3つから成り立っている．Social Graph を Mixi は，「互いに知っている人同士のつながりを表す」と狭義に捉え，Facebook は，①②③のように広義に捉えているといえる．Twitter も人がつながることを主としており Social Graph を狭義に捉えていると考えられる．ノードとエッジをネットワークとして考えるとノードは ID に，エッジはそれを接続するプロトコルやフォーマットと考えることができる．

　しかし，実世界とネットワークの違いを考えるとネットワークの世界は，実世界を反映しているが，必ずしも同じ集合にはならないのは自明の理である．

　ネットワークは，実世界をシミュレートすることは，バーチャルという概念で可能であるがすべてをシミュレート可能なわけではない．Social Media

の世界は，実世界を基礎としているが，拡張されており「シミュラークル」と呼ぶべきモノと考えた方がより実際に近い概念である．

　ベネディクト・アンダーソンの「想像の共同体」になぞらえると，国民は，匿名性や無名性のある大衆・公衆であり，市民は，実名性のある集合すなわち離散的な群衆と考えることができる．東アジアの人々は，律令制度以来の無名性のある国民であり，西洋の多くの国々の人々は実名性のある市民であることを考えると，Social Media における Mixi の匿名性と Facebook の実名の違いが理解できる．最近の研究によれば，匿名だからといって情報の信頼性が実名と比べて劣るわけではない．

　消費社会が有形の財であるモノを中心として展開していきやがてそれが記号化しいく過程は，ネットワークが発達したデジタル時代になると「所有」から「アクセス」の時代すなわち非物的な財が価値をもち，購入，所有，蓄積といった行為からアクセスの経済というべき現象にとって代わるとジェレミー・リフキンは，『エイジ・オブ・アクセス』の中で述べている．アクセスの経済の中では，無形の時間や知識，文化ばかりでなく有形のモノも形を変えてアクセスによるビジネスモデルへと変容していきネットワークと相互接続の環境の中で新しい状況が生まれている．

　ジェレミー・リフキンは，さらに『ヨーロピアン・ドリーム』の中で，自由と安全についてアメリカ人とヨーロッパ人の夢の考え方について次のように述べている．アメリカ人は，自由は自立性と結びつき，自立には財産が必要で，富の蓄積により独立可能となり，自主独立により他者から隔絶され，その排他性により安全を確保する．ヨーロッパ人は，自由とは帰属することで，他者と無数の相互依存関係をもち，コミュニティが増えるほど，満たされ有意義な生活を送るための機会や選択肢が増え，それにより他者との関係が包括性をもたらし，その包括性が安全をもたらす．アメリカ人にとって重視するのは，経済成長，個人の富，自立としての独立であり，ヨーロッパ人は，持続可能な発展，生活の質，相互依存を重視する．この考え方で重要な点は，文化的アイデンティティを保ちながら多文化を認め包括的・体系的に

考えるヨーロッパ人の考え方がSocial Mediaの中で起こっている考え方に近いといえる.

常に人と対峙して暮らす状況が日常化して仲間集団との同調性を気にする時代には，自由と安全の観点からもSocial Mediaはまさにうってつけのツールであり単なるネットワークではないのである.

Social Mediaは，情報社会において人と人とのつながりを基盤として他人指向型社会をさまざまな形で拡張する概念であり，モノを消費する消費社会から一歩踏み出そうとするばかりでなく，新しい情報流通やコミュニケーションの方法を生み出しつつある．グローバル化している世界の中で従来のマス・コミュニケーションのような送り手が情報をプッシュしてくるプッシュ型のメディアと，ネットワークのように端末の前にいる人間が，情報をプルするプル型のメディアの橋渡しや融合さらに機能の拡張をする役目を担っていると考えることができる．CloudとCrowdにより21世紀型の情報社会の新たな一歩を踏み出したが，願わくは，Social Mediaそのものがどれか一つの概念に統合されるのでなく経済の論理に埋もれず，多様性と透明性などよき特徴を失うことがなく，常に新しい概念として発展し続けるように願っている.

おわりに

リースマンが『孤独な群衆』の中で書いた農業社会，工業化社会，脱工業化社会のようなはっきりとした時代区分に分けられるような社会構造であることは皆が認識している．経済環境がグローバリゼーションの影響でそのボリュームが大きく膨らみ社会構造に大きな影響を与えただけでなく，先進国のように経済成長を続けた結果成熟社会とも呼ばれる相対的に低い経済成長率の先進国と相対的に高い経済成長率により経済発展している国々があり，所得の上昇により生活水準があがってくると先進国がたどったモノの消費に

よる生活様式の変容を経験することになる．成熟した社会では，モノの消費による豊かさを実感することからコトの消費と呼ばれる状況を経てワークライフバランスを実感するための新しい状況になりニューノーマルと呼ばれる人々など消費中心ではなく新しい生活スタイルを指向する人々が出てきている．

　本章で取り上げた以外の考え方も多く存在する．社会システム理論を展開したルーマンによる自己準拠，コミュニケーション，ダブル・コンテンジェンシー（二重の不確定性），オートポイエーシスなどやパーソンズが取り上げた秩序問題を自己の行為と他社の行為の連関と考える考え方などがあげられる．

　デジタル革命が，産業界へ与える影響の研究は行われているが一般の人々の人間行動や生活がどのように変わるかは今後の研究に待つことになる．特に東アジアの人々のように，成長過程でのデジタル革命は，先進国よりも早く生活全般に浸透し消費社会と重層的に大きな影響を与えることになると考える．これらは，新しい発展過程として今後の研究を待つことになる．

参 考 文 献

今井賢一編著（2003）『情報技術と経済文化』NTT 出版．

大橋正和・堀眞由美編著（2005）『ネットワーク社会経済論』紀伊國屋書店．

大橋正和編著（2005）『次世代 Web サービスとシチズン・セントリックの考え方』紀伊國屋書店．

大橋正和（2006）「Web 新時代と情報社会学会」情報社会学会誌 Vol.1, No.1, pp.33-40．

大橋正和（2010）「Social Design としての持続可能な社会システムの考え方―資源の持続的な活用と学術の新しい体系」総合政策研究 Vol.18, pp.135-156．

大橋正和（2011）「第5章 シチズン・セントリックな考え方―情報社会における基本理念」「第10章 Social Media による新しいコミュニケーションの進展」『デジタル時代の人間行動』，中央大学出版部，pp.45-59, pp.100-120．

大橋正和（2012）「Cloud と Crowd の急速な発展による iDC の変容について」電子情報通信学会，BT-2-1, 通信講演論文集 2, pp.56-59．

Masakazu Ohashi (2013) "Recent Perspectives of the Infosoionomics Society based on Information and Communication Technology -Japanese Governmental Large

Scale Substantiative Experiments IN Last 10 Years", Proceeding of THE 8TH INTERNATIONAL CONFERENCE ON KNOWLEDGE-BASED ECONOMY AND GLOBAL MANAGEMENT.

大橋正和（2014）「現代社会の変容と東アジアの発展過程について―4ドラゴンズの社会構造について」政策文化総合研究所年報第17号，pp.113-136.

大橋正和編著（2015）「第1章　情報社会の消費の理論的考察」「第2章　情報社会における消費行動の変容―デジタル化とインターネットの影響について（大橋・高橋）」『現代社会の変容による人間行動の変化について―消費行動の変容を中心として』中央大学出版部，pp.1-23，pp.25-58，p.216.

大橋正和（2017）「東アジアにおける社会の経済発展過程の研究―4ドラゴンズの発展過程第1期」政策文化総合研究所年報第20号，pp.87-105.

加藤秀俊（1965）「10年後の日本の経済社会」，日本経済研究センター会報．

公文俊平・大橋正和編著（2014）『情報社会のソーシャルデザイン―情報社会学概説Ⅱ』NTT出版，p.258.

ジェレミー・リフキン　柴田裕之訳（2006）『ヨーロピアン・ドリーム』日本放送出版協会．

ジャン・ボードリヤール（1995）『消費社会の神話と構造』紀伊國屋書店．

ジャン・ボードリヤール（1992）『象徴交換と死』筑摩学芸文庫．

ジャン・ボードリヤール（2003）『パスワード』NTT出版．

Dunber, R.I,M（1993）Coevolution of neocortical size, group size and language in humans, Behaviorol and Brain Sciences, Vol.16, Issue 4., Cambridge University Press, pp.681-694.

Herbert A. Simon（1962）"The Architecture of Camplexity," *Proceedings Of The American Philosophical Society* 106(6), pp.462-482.

見田宗介（2006）『社会学入門』岩波新書．

ルーマン，N　佐藤勉監訳（上1993，下1995）『社会システム理論』恒星社厚生閣．

第3章

情報システムの安全指針
——ビジネス・コンティニュイティとリスクマネジメント——

大　橋　正　和
高　橋　宏　幸

は じ め に

　20世紀型のビジネスの代表例に，自動車業界がある．
　一世代前の20世紀においては，日本は，世界で最も優秀な製造業を誇る国であった．
　日本の自動車は高性能で，アメリカ製に比べて低価格である．しかし，日本の自動車が世界でトップになれたのは，このようなメリットばかりではない．実は信頼性，耐久性，保守メンテナンスの体制が海外においてもしっかりしていたことが，重要なポイントであった．
　しかし，情報社会においても，実は高信頼性，耐久性，お客様に対するメンテナンスの部分がある．これは情報をお客様に届けるサービスを止めないで提供し続けるというビジネス・コンティニュイティと，問題が起こってしまったときに，いかに早くサービスを提供できる体制を復旧させるかというメンテナンスがある．
　今の日本の企業全般にわたって，サービスを提供し，処理するアプリケーションの部分は非常によく考えられているが，継続してサービスを提供する

とか，サービスを提供するシステムが壊れたときにどう復旧するかという部分が非常に弱いのが現実である．

今，日本でなぜデータ管理ネットワークが必要なのか．

自動車の例で言うと，せいぜい時速50〜60キロで，高速道路も走れないような自動車の時代は，内部の機械を電子制御する必要はほとんどなかった．ところが，時速100キロ以上，200キロ，300キロで走る自動車になると，人間のハンドルやブレーキではおさまらない．そこでアンチロック・ブレーキとか，人間を補助する電子機能が追加されてきた．

情報社会においても，同じようなことが言える．例えばコンテンツという言葉がある．20世紀のコンピュータは，ほとんど文字をベースにした情報だったが，今は写真とか動画（ムービー）といったグラフィックデータが主体になっている．それに応じて，データは毎年2倍，最近不景気と言われても毎年80％の高率で伸び続けている．この調子でいくと，2025年にはデータの総容量はすでに35ZB（ゼータバイト）ぐらいになる．

要するに，今までは，データ管理ネットワークがなくても，何とかサービスを提供し続けることができたが，現在のデータ管理体系では管理し切れないほどデータの総容量が大きくなってしまうと考えられる．そのような時代には，クローズドなシステムではなくオープンシステムが中心となり安全安心も外部からの影響とシステム内部からの影響両方を考える必要があると考える．

1. ビジネス・コンティニュイティ

1-1. B to C 市場の変化

電子商取引（ビジネス・ツー・コンシューマー）の最近の米国の状況を見ると，アマゾンが業界をリードしているような印象を与える．アマゾンドット

コムは2001年の第4四半期に黒字化しているが，1998年当時，オンライン専用の電子商取引を行っていたような人々や会社がだんだんに立ち行かなくなっていった．それにかわって，Kマート，ウォルマートやJCペニーなどの既存の小売チェーンがオンライン専用の電子商取引で逆転に成功した．

　これまでは，オンライン専門，インターネットなどの通信手段を利用した電子商取引は将来の主流になり，店舗コストは不要になり，安いものを消費者に届けることができるようになると言われた．ところが，電子商取引初期のデジフラワーのように花を提供したり，CDを売ったり，アマゾンドットコムのように本を売るといった少量多品種あるいは特別な事情があるものについては成功事例があったが，大多数があまりうまくいかず，一時流行ったバーチャルモールなどは21世紀に入る前にほとんど消滅した．

　一方，オンラインショッピングが広く大衆化してきたことは米国のデータがよく示している．米国の国勢調査の結果によれば，2000年に入った当初では人口の21%，5人に1人は毎月オンラインショップを利用している．利用層もだんだん拡大し，シニアの層までオンラインショップを利用しつつある．当時はインターネット利用者の多くが比較的所得の高い人々であったため年収75,000ドル以上の人たちの利用が中心で，安いからオンラインショップを利用しているわけでは必ずしもないという調査結果もあった．インドなどの新興国の電子商取引のはじまりにも同じような傾向が見られた．

　特に，消費者側からすると，当時の米国では店舗，通販，オンラインをバランスよく押さえたところが成功する仕組みになっていた．例えば，店舗では流行している品ぞろえを楽しみ，オンラインでは店舗には置いていないような少量多品種の品，ニッチ商品のようなものを手に入れ，通販では下着等の日常品を買うというように販売形態をうまく使い分けている．当初予想されたように，無店舗で安いという電子商取引にすべて統合化されることにはならなかった．これらは，ハイブリッド消費と呼ばれて消費者側がより賢くなって販路をうまく使い分けているということと販売の主導権が販売する側から消費する側に移行し始めていることを示していた．

BtoCの市場では，消費者の要求をうまく取り入れた仕組みを持ったところが成功している．店舗を持っているようなもの，通販を押さえたようなもの，少量多品種のような特殊性を持ったもので，消費者側から見て便利であるようなビジネスモデルを提供しているものに特化している．必ずしも安いだけでは成り立たないことは，米国の調査結果によって明らかになった．

現代社会の中では情報のやりとりが重要な役割を果たしているが，店舗販売，通販，オンラインというシステムの中で，消費者側が情報のやりとりをうまくコントロールし，自分から選択し，バランスよくショッピングをしていることが重要な点である．情報の提供の仕方も，インターネットを始めとして多様なチャンネルをいかにうまく押さえてマーケティングを行うかが重要なポイントとなる．

このような仕組みを考えていくと，顧客の固有のニーズに対して，システム全般で個別分散的な事業モデルを考えるというような従来のアウトソーシング的な考え方ではなく，顧客のニーズにはこたえながらも，もう少しオープンな考え方，例えばインターネットのような技術をもとにサービスの汎用化，集約化を目指した事業モデルが必要になってくる．

1-2. コンティンジェンシー・マネジメント

ディザスタ・リカバリ，あるいはコンティンジェンシーモデルのようなものを考えたときには，オープンな仕組みを考えていないと，うまくリカバリができないような事例が多く見られる．

従来のような垂直型のアプリケーションあるいはシステムの考え方ではなく，プラットフォーム化など，水平連携による共通基盤の共通運用をするような仕組みでないと，負荷分散を含め，ディザスタその他に対応できない．

ディザスタ・リカバリ・プラン，あるいはビジネスの継続性を考えた危機管理の仕方が必要になってくると同時に，それに適する情報システムが何であるかをよく考えて新しい投資をしていかなければ，単純にディザスタを想定して，データをインプットしてどこかに蓄積していくという仕組みだけで

は，十分な対応はできない．データマネジメントとしてインターネットなどのオープンなシステムとも連携してニーズに柔軟に対応できるシステムでなければならない．

すなわち，ビジネスあるいは業務が継続できるということの重要性を再認識することが基本であると考える．

1-3. 9の神話

ディザスタの中にはWTCのような大規模な事故，地震や台風などの災害も入るが，デジタルデータの爆発のような反人為的なものも十分に含まれる．設計のミスその他によってデジタルデータが爆発していくことに対処できない，あるいは，ある特定の時期に処理が集中したときの対応ができない．そのピークに合わせた設定ができればよいが，費用対効果がよくないために，処理が集中したようなときにどうするかという問題が生じてくる．

電子商取引では締切間際に集中するケースは多い．オークションを例にとると，制限時間ギリギリに処理が集中する．待ち行列におけるアーラン分布のような現象が起こる．株の取引では，株式が急速に上昇するような時点でのデータの集中投資が挙げられる．

さらには，システムを入れかえたりアプリケーションを更新したりするときの人為的なミスがある．これは，バグやインストールミス，あるいは負荷の状況を考えずに従来のシステムにインストールしてしまったような場合も考えられる．そういう意味では，ネットワークを利用するのが当たり前のような現在のシステムの中では，さまざまな角度から検討をしないと，情報システム障害は起こり得る．

特によく言われるのが，「9の神話」である．

インターネットデータセンターなどではファイブナインと言われるが，これは99.999％の稼働率を保証するというものである．この場合，年間では5.25分ぐらいのダウン時間，1週間に6秒ぐらいしか止まらない．これが1ケタ違ってフォーナイン（99.99％）になると，年間で52.5分，1週間当た

り1分止まることになる．これ自身は大変な数字であり，年間でそれだけしか止まらないのかと言えるほどだ．ちなみに，99％では年間3.65日，1週間当たりでは1.7時間ほど，98％になると7.3日，1週間では3.3時間止まる計算になる．

問題は，止まる時である．例えば5分止まったとしても，それがいつなのかが重要になってくる．アベイラビリティ（有用性）という言葉で表現されるが，とかく負荷が集中するときに止まることが多い．

また，情報システムはさまざまなコンポーネントから成り立っているので，そのコンポーネントの間では，システムのダウンタイムのファイブナインが保証されないことになる．

7つのコンポーネントから成り立っているシステムを考えてみると，単体では99.999％の稼働率を保証されているシステムでも，7つのコンポーネントから成り立つとその7乗になるので，稼働率は99.93％に落ちてしまう．単体では，年間に52分止まるところが，7つのコンポーネントでは6時間以上止まってしまう．さらに，コンポーネント内の不均衡があると，影響ははるかに大きい．例えば6つのコンポーネントが99.999％で，1つのコンポーネントが99％の稼働率とすると，全体では99.94％の稼働率に落ちてしまう．

単体のコンポーネントのシステムを1つ1つ積み重ねていくと，当然，1からどんどん離れていくことになるので，どうしても稼働率は落ちてしまうことを考えなければならない．

特にネットワーク，サーバ，ストレージなどのさまざまなシステムに依存し，アプリケーション，データベースのような複雑なシステムから成り立っているのが現在の情報システムでは，おのおのの稼働率がファイブナインを保証したとしても，全体のシステムとしては，十分なアベイラビリティにならないことを考えておかなければならない．

サービスのレベルを確保するために，全体のシステムとしてのアベイラビリティをどのように向上するかをきちんと想定していないと，十分な稼働率

は得られないのである．

2. コンティンジェンシー・マネジメントの事例研究

2-1. ニューヨーク商品取引所のディザスタ・リカバリ

　ディザスタ・リカバリの最も有名な事例は，WTCの事故後のニューヨーク商品取引所（NYBOT）である．現在は，ICE Futures U. S. として最先端の電子商取引を行っている．

　当時のニューヨーク商品取引所はWTCのサウスタワーに隣接した9階建ての第4ビルにあった．

　ニューヨーク商品取引所は100年以上の歴史を持つ．コーヒーやココア，砂糖，綿花，オレンジジュースのオプションと先物取引に加えて，ニューヨーク商品取引所の景気総合指数やスタンダード＆プアーズ商品指数，米ドルなどの金融指数，通貨のオプションと先物取引も行われている．

　会員企業から派遣されたトレーダーがコンピュータの画面の前に座って電子システムを利用して行う金融商品の取引とは違い，公開の競り方式で，活気のある取引が行われていた．ピットあるいはリングと呼ばれる場所で実際に人間が介添えし，円形に配置されたステップに乗って顧客からの注文に応じて商品の売買を行う．

　ココアの生産者はココアの先物を売りに出し，それに対してハーシー，ネスレなどの企業が買いを入れるというような形で，価格の設定は口頭で行われていた．売り手はある量のココア（「ロット」と呼ばれる取引単位）をある価格（「アスク」と呼ばれる売呼び値）で売りたいという意思表示を行う．複数の買い手がそのロットを買う意思を示した場合，競り落とそうとする価格（「ビット」と呼ばれる買呼び値）を上げていき，買い手が一人になるまで競りが続けられるという方式である．提示したアスク価格で買い手がつかない場合には，買い手がつくように価格を引下げる必要がある．

取引が成立して注文が出されると，その取引価格は商品取引所のコンピュータシステムに入力される．最新の取引価格が瞬時に競りを行っているピットの内外に公開され，商品に対する世界中の市場価格が決定されるという重要な役割を果たしている．

2001年9月11日午前8時46分，1機目の飛行機がWTCに突っ込んだ．一瞬で商品取引所の機能はマヒした．

ニューヨーク商品取引所はリカバリサイトを別の場所に設定していた．ディザスタが起こった場合はそのリカバリサイトでいつでも取引の再開ができるように準備をしていた．そのため，当日の午後8時には取引再開の準備が完了した．実質的には100％の機能が回復したわけではないが，彼らがつくったディザスタ・リカバリ・プランにのっとって，商品の取引が遅滞なく行われる仕組みを当日中に情報システムを含めて回復したのである．

ニューヨーク商品取引所のディザスタ・リカバリ・プランを見ると，単純に情報システムをリカバリさえすればいいというものではないことがわかる．オフィススペースとか，取引をする場所，いわゆるピットと呼ばれているようなものの復活が要件である．ビジネス・コンティニュイティの概念が確立していた．ビジネスを継続するには情報システムだけをリカバリしたのでは不十分である．

当時，取引のピットは13で，農産物は1日4～5時間，金融商品は7～18時間取引されており，平均取引量は72,000ロットにのぼっていた．

2-2. 1993年のディザスタに学ぶ

ニューヨーク商品取引所のディザスタ・リカバリ・プランは，2001年のWTC事故後につくられたものではない．

1993年2月26日金曜日の正午過ぎ，世界貿易センタービル群の地下にある駐車場で爆弾が爆発した．当時は，現在のようなニューヨーク商品取引所ではなく，コーヒー・砂糖・ココア取引所とニューヨーク綿花取引所の2つに分かれていた．実際に，地下駐車場で爆発が起こったときには，電力，暖

房,データセンターのクーリングの供給を一斉に停止し,人々はビルから避難をさせられたのである.

このときの教訓から,ディザスタ・リカバリ・プランでは,情報システムをフィラルデルフィア州にあるコールドスタンバイのリカバリサイトに移動することになっていた.避難とほぼ同時にデータセンターの職員がバックアップテープを抱えてフィラデルフィアに向かった.OS,アプリケーション,データをコールドスタンバイのシステムにインストールする必要があったのである.1日から2日で完全復旧可能と見られていたが,取引を行うための代替地までは何も取り決めていなかったため,新たな取引場所を確保して再開するには30〜60日かかるだろうと見られていた.

爆発の2日後,2月28日の日曜日に,ニューヨーク市がビル内への立ち入りには1〜2週間かかると発表したが,WTCのビル群では電力を別経路で引いてすぐに再開したため,建物に出入りできるようになった.しかし,空調が復旧せずに,情報機器の運転を再開することができない状態が続いていた.

フィラデルフィアでは,事故があった2月26日金曜日の取引記録の修復処理を直ちに行い,月曜日までに修復処理作業は完了していた.当時すべての書類が紙ベースであったことが幸いし,再入力をすればそれで済んだのである.

3月1日の月曜日には1日2時間の取引が再開されたが,空調は止まったままであった.2週間この状態が続いた後,冷暖房は新たに臨時施設が建設されて再開となった.

このときの教訓は,コールドスタンバイ,機械を借りて,バックアップテープを運び,システムを構築し,スタンバイをするという形をとることである.機器の割り振りはディザスタを宣言したものから順番にリカバリサイトで行われるが,データのリストラなどのホットスタンバイの状態に移行したほうがいいだろうということである.

そのように判断したのは,当時,取引不能の場合の1日当たりの直接的損

害は35万ドルであったが，取引業者は1,000社ほどあるので，実際は取引所関係者全体で1日350万ドルの損害を受けたことに起因している．

2-3. 合併時のディザスタに学ぶ

1998年，ニューヨークのコーヒー・砂糖・ココア取引所とニューヨーク綿花取引所が合併をして，ニューヨーク商品取引所になった．そのときにも，情報システム上にさまざまな問題が発生した．もともと綿花取引所についてはアウトソーシングをしていたが，コーヒー・砂糖・ココア取引所は自前システムで運用をしていたため，合併に伴っていかに統合化するかが重要なテーマとなった．

1993年の教訓に基づいて，合併後，自前の社内情報システムを維持することを決定した．その大きな理由として，社内での情報技術に関する能力を養うことと，テクノロジーの進歩に柔軟に対応し，できれば一歩先んじた対応ができるような仕組みをつくることを目的にして統合化した．

用意してあれば，リカバリサイトへは比較的短時間に移行できる．しかし，その後の事務処理等にかかわる回復能力が実際にどのくらいあるかという点が重要である．

通常，災害が起こったときには，リカバリサイトに行く人員と自宅で勤務をする人員に分けて処理を分散させている．しかし，リカバリサイトへの移行についてはそんなに時間がかからないが，在宅勤務を続けるとなると，職種の分担や勤務内容の分担も含めてそう簡単にはできない．

実際，ニューヨーク商品取引所のリカバリの責任者は，自前で自宅に4本の電話線を引いていた．自宅にさまざまな情報処理能力を持っていたため，すぐに指図できる体制が整っていたのである．

2-4. WTC事故のディザスタ・リカバリ

WTCのビルが壊れたことによるハードウェアそのもののインフラ自身の損害は，300万ドル分，また，業務内容の損失は2,500万ドルに相当すると

言われている．ほかの取引所から支援の申し出があったが，システム設計，その他業務内容が異なるために，実質的には活用できなかったのである．

特徴的なのは，金融商品を扱うトレーダーのリカバリプランが別に立てられていたことである．彼らのリカバリプランでは，ニューヨーク商品取引所の持つアイルランドのダブリン取引所の立会場で取引を再開することになっていた．しかし，9月11日以降，飛行機による移動が不可能になったため，実際には，ほかの取引所内で業務を再開する必要に迫られた．金融のトレーダーは他の取引所とも頻繁に取引を行うが，この点が商品の取引とは違う．

2-5. WTC 事故の教え

ニューヨーク商品取引所の事例を分析してみると，ディザスタ・リカバリは単にコンピュータやネットワークの回復のみを意味するものではない．災害後の回復に向けて企業を組織化し，万全の準備体制を整えるための原則についてあらかじめ用意をしておくことが必要である．また，企業の自覚として災害復旧能力が広く認識されていなければならない．同時に，情報システムのようなハードウェアだけでなく，人的資源をいかにうまく活用するか，特にプランニング，テスト，準備を万全に取り込む仕組みを用意しなければいけない．これらが，ニューヨーク商品取引所からの教訓として重要な点である．

通常，情報システムを再開した後，ビジネス・コンティニュイティと呼ばれるビジネスの継続プランは最初から十分に考えられていなければ，すぐに実行することは不可能である．ニューヨーク商品取引所のように，立会場まで十分に用意しておくことは不経済であるため，通常の企業がリカバリをする段階での作業を開始する場所を確保することは実際のところ難しい．その意味では，リカバリプランの中に，人的資源，ハードウェアその他の資源を十分に活用できる仕組みを考えるばかりではなく，その後のビジネスを継続させる仕組みそのものを十分に考えておくことが肝要である．

特に iDC（インターネットデータセンター）を利用してリカバリをする場合

には，オフィススペース，人間が活動するスペースの確保など，さまざまな課題が考えられる．電子政府に関連する公共 iDC ではそのような点を十分に認識して，情報システムだけではなく，人的な活動のできる場所も考えておかなければならない．

ニューヨーク商品取引所でリカバリサイトに配置された人，リカバリプランによるリカバリサイトで働かなければならない人たちは，10キロ以上の道を歩いて取引所に行くことを余儀なくされた．本当の災害のときは，遠隔地でリカバリをすることはあまり役に立たない．さきに述べたダブリンの例のように，足で歩いていけない範囲では機能することはかなり難しい．

日本の地震災害を考えたときには，地質構造が同じ場所にリカバリサイトを設けることはよくない．データシステムのリカバリの方法と，ビジネスそのものの継続性を考えることはまた別であると認識せざるを得ない．

特に，デジタルデータのみでビジネスが行われるようになっている現在では，インターネット，クラウドといったオープンシステムが基盤となっている状況でのリカバリの仕方は，1993年の時よりはかなり難しくなってくる．リカバリプランも，十分に吟味されたものでなければならないことは言うまでもない．

分散しているデータセンターのデータを統合して効率よく運用するシステムと，それに関するリカバリのサイト，その他に関する高度な技術者の養成プログラムを考える必要がある．特に，電子政府，電子自治体におけるストレージの高度化，データの分離は重要である．また，オープンな考え方によるシステム非依存型のデータマネジメントの確立が必要である．リカバリをするときには，協調して作業するような仕組み，特に，クラウドに代表される分散したストレージ，あるいは分散したオフィスなどを利用して，協調作業をするような応用技術の確立が必要であろう．

WTC の事故の教訓は，リカバリを分散して行う場合，在宅勤務も含めて，通常から訓練をし，仕組みを確立しておくことである．これらが，リカバリプランの中に十分に含まれていないと，活用はなかなか難しい．

3. リスクマネジメントとしての SDLC（ザ・システム・デベロップメント・ライフサイクル）

コンティンジェンシー・マネジメントの概念は，広い意味では，情報システムのリスクマネジメントと非常に強い関係がある．

リスクマネジメントについては，さまざまな本が出ているが，情報技術あるいは情報システムに関するリスクマネジメントのガイドについては，米国の標準局が出している NIST が有名である．それには，さまざまなリスクの考え方が書いてある．特にリスクをマネジメントとしてとらえることが重要である．

その中に，SDLC（ザ・システム・デベロップメント・ライフサイクル）という概念がある．システムのライフサイクルに関する開発行為を総称したものだ．

SDLC の中でのリスクマネジメントとして，NIST では 5 つのフェーズが提案されている．

第 I フェーズ　イニシエーション
IT システムの必要性，目的，あるいはスコープをドキュメント化する．

リスクマネジメントの活動にはどのようなセキュリティが要求されるか，あるいは，運用に関するセキュリティにはどのようなコンセプトが必要かという戦略的な部分をきちんとドキュメント化することが，このフェーズの特徴である．

第 II フェーズ　ディベロップメント・オア・アクイジション（開発と調達）
IT システムに関して，具体的にどのようなデザイン，あるいはプログラム，開発行為をするのかということで，具体的に組み立てていく段階である．

このときには，リスクをどのように具体的に認定するかが重要になるが，日本では，このフェーズでのリスク分析はあまりなされていない．

これは，実際に構築する構造的なものと，全体のデザインをするシステム開発の間でのトレードオフと考えられている．

第Ⅲフェーズ　実装

システムの全般的なセキュリティも含めて，具体的に実装して，それをテストすることがある．このときには，リスクマネジメントのプロセスとしては，さまざまなシステムの要求に関しての実装過程でのリスク，あるいはリスクマネジメント・プロセスをきちっと分析しなければならない．特にオペレーショナル・エンバイロンメント（運用での環境）をどのようにしていくかを踏まえながら，考えなければならない．

このときには，システムのオペレーションという立場から，リスクをさまざまな角度から検討することが求められている．

第Ⅳフェーズ　運用・管理，メンテナンス

実際にシステムができ上がって，さまざまな機能を運用していく．特徴的なのは，ハードウェアあるいはソフトウェアをどのように加えていくのか，あるいは，実際のプロセスに関係するところ，セキュリティなどのポリシーや手順をどのように変更していくのか，あるいは新しくできたシステムそのものを，どのように運用・管理していくのかということが重要である．

リスクマネジメント活動としては，段階的に，従来あるシステムと新たに加わったシステムとの関連性，あるいはシステムが加わったときの全体的なシステムのリスクを考えなければならない．

第Ⅴフェーズ　ディスポーザル（廃棄）

このフェーズでは，実際のハードウェア，情報，ソフトウェア，さまざまな活動を通じて，移動，アーカイブ，インフォメーションの破壊，廃棄とい

うものを考えなければならない．

システムの継続性

ところが，実際のシステムでは，継続性も重要になる．

データというものは，一つのシステムの中にクローズドな形であることはほとんどない．そこで，データあるいはシステムの一部を継続して使うことがよくある．あるいは，廃棄するときに，新しいシステムにそれらのデータあるいはシステムの一部を移設し，それによって継続していくこともよくある．

ライフサイクルから言うと，ディスポーザルですべて終わりだが，実際には，データその他の継続性も考えなければならない．

システムのSDLCと言っても，現在は，一つのシステムがクローズドな形で成り立っている情報システムばかりでなく，いろいろなシステムが有機的に連携して動くような形のものがある．

特にネットワークでは，単純に単独のシステムで成り立っているのでなく，ネットワーク上にさまざまな資源が分散して存在する．それらの資源を有機的に結合して利用するというオープンなシステムが当たり前になっているので，そのときのSDLCは，また別の新しい考え方をしなければならない．

そのリスクマネジメントは，さらに複雑になる．

3-1. SDLCの主役たち

SDLCであらわせるようなシステム，ある閉じられた系，あるいは一部がオープンな系の中では，どのような人たちが主役となって活躍するのだろうか．

まず，その全体の責任者（シニア・マネジメント）が重要な役割を果たしている．

その中で，CIO（チーフ・インフォメーション・オフィサー＝情報統括役員ある

いは情報統轄責任者）が重要な役割を果たす．

　また，システムや情報に関する所有者は誰か，明確に把握しなければならない．さらに，セキュリティに関するさまざまな概念を担当している専門家が配置されなければならない．

　日本では，実際にはこういう人たちは兼務をしているが，ITのセキュリティを考えるだけでなく，セキュリティに対しての警告を発する役割を果たす人たち，あるいは監査をする人たちといったセキュリティに関する概念を負う人たちが，さらに必要になる．

3-2. リスク・アセスメントの九段階

　これらのフェーズの中で，もう一つ重要なのはリスク・アセスメントだ．

　外部からの脅威を防ぐために，どのような脆弱性（ブルネラビリティ）の素質があるかを考え，その結果として生じるさまざまな影響の度合いを考察することが，リスク・アセスメントである．

　これには九段階ある．

　　第一段階　キャラクタライゼーション

　システムの仕様，実際のシステムがどうなっているかということをきちんと把握する．これにはハードウェア，ソフトウェア，システムのインターフェース，データその他が含まれる．もちろんそれを担当している人員，システムの目的なども含まれる．

　それらのものから，システムの境界線，システムの機能，システムやデータの目的，どのような役割を果たしているかということを把握することが重要である．

　　第二段階　リスクの認定

　外部からのシステムへのアタックの歴史，いろいろな情報をはじめ，リスクの分析をしたレポートなどを参考にしながら，リスクがどういうものであ

るかを認定する．

　第三段階　脆弱性の認定
　リスク・アセスメントの前段階として，さまざまなセキュリティの要求やテスト結果などを参考にしながら，システムの脆弱性がどこにあるのかを考えて，脆弱性のポテンシャルのリストづくりをする．

　第四段階　制御分析
　現在制御しているもの，計画されているものを含めて，どのようなコントロールができるかを分析する．

　第五段階　可能性のレーティング
　リスクのもとの動機づけ，あるいはリスクの量的な分析をする．
　自分のシステムの持っている脆弱性の性質，現行の制御がどのように行われているかということを分析しながら，実際のリスクの可能性を測定し，それによって可能性をレーティングする．

　第六段階　インパクト・アナリシス
　リスクの影響を実際に分析する．このときに，
　① 完全性の欠如
　② 有用性の欠如
　③ 機密性の欠如
という3つの概念で分析を行う．

　第七段階　リスクの決定
　どのような大きさのインパクトがあるか，リスクの拡大の可能性，現在行われている制御その他が適当かどうかが，どのようなリスクであるかということを決定する．そして，関連するリスクのレベルについてのアウトプット

を得る．

　第八段階　制御の推奨
　どのような制御が推奨されるかを分析する．

　第九段階　結果のドキュメント化
　結果を記録として残す．

3-3．システムに関するさまざまな情報の重要性
　第一段階で，システムの特徴についてさまざまな分析を行うとき，システムを構築するときに検討された情報が重要になる．
　実際には，さまざまなハードウェア，ソフトウェアをはじめ，システムのインターフェース，データの取り扱い，実際にどのような人がITシステムをサポートしているのか，あるいは利用している人たちは誰なのかということも重要になる．
　システムが企画された段階でのシステムの目的などは，長年使っている間にどんどん変容している可能性がある．したがって，さまざまな角度から，システムに関連する情報の中身についての分析が必要になる．
　実際にこのような情報を集めるためには，さまざまな質問，オンサイトでのインタビュー，ドキュメントのレビュー，さまざまなログの調査など，いろいろな手段によって分析を行わなければならない．しかも，これらの情報がきちんとドキュメント化され，あるいは情報として残っていることが重要である．
　特に，人的な脅威についての分析が重要になる．
　一般的に，ハードウェア，ソフトウェアに関してはドキュメント化され，きちんとしたものが残っている場合が多いが，人的な脅威に関しては，かなり精密に分析をしなければならない．
　ハッカーやテロリストによるいろいろな行為はよく知られている．しか

し，実際には，外部からの攻撃ばかりでなく，内部でのコンピュータを使った犯罪行為や産業スパイ的な行為も，この対象になる．

さらには，インサイダーの問題，あるいはあまり訓練をされていない人による誤った使い方とか，利用の仕方のさまざまな間違いとか，それらが重なって起こる偶発的な事故も，リスクの対象になり得る．

その動機は何か，あるいはリスクの具体的なアクションはどういうものか，さまざまな角度から分析することが必要だ．

3-4. 脆 弱 性

脆弱性の問題は，日本ではウイルスに関すること以外あまり話題にならない．

さまざまなシステムが，さまざまな人々によって実際に使われているが，その中にどのような脆弱性があるかという分析は，現状ではあまりなされていない．

例えば人的な資源，一時的な雇用者や退職者のID，パスワードの管理をどのように取り扱うか．最近，多くの企業が分社化したり，組織をさまざまに改編している．そのときにIDをどのように取り扱うか．従来のようなやり方をしていたのでは，一元的な管理ができない．さまざまな形でのファイアウォールの取り扱いなどのほかに，見落とされがちなゲストID，あるいはメンテナンス業者のIDの管理方法も重要である．

施設の点では，データセンター内のさまざまな防災機器の取り扱い，電源の取り扱いが重要である．サーバー，コンピュータ機器の電源ばかりでなく，空調に関する電源の取り扱いにも注意をする必要がある．空調がなければサーバその他は動かない．空調が動かずにコンピュータの立ち上げができないということがよくある．それは，どういうところに問題があるのかきちんと把握しておくことは，最初にシステムを設計する段階でも不可欠だ．

そのときに，システムのセキュリティのテストをきちんとしておくことが重要だ．脆弱性の認識に当たっては，セキュリティの要求のチェックリスト

が十分機能していなければならない．特にマネジメントやオペレーション（運用），技術的なセキュリティについて，きちんとした方針を立てておかなければならない．

3-5. リスク緩和

リスクを緩和するには，まず，リスクのレベルをはかることが必要だ．

リスクと言っても，非常に重大なリスクから小さなリスクまで，さまざまなものが考えられる．リスクの脅威は小さくても，インパクトが非常に大きい場合もある．一元的な考え方でリスクをはかることは不可能だ．

リスクを，高度，中度，低度という三段階のスケールであらわしても，実際には，さまざまな分析や対応が必要になる．

リスク・レベルの分析は，それぞれのインパクトの大きさによっても違うので，さまざまなリスクのスケールを用意しておくことが必要だ．

リスクを100％除去し，あるいは防護することが最も望ましいが，それはなかなか難しい．現実には，リスクを緩和する（ミチゲーション）という概念が重要だ．

リスク緩和については，リスクをどのように考えるかということと同時に，リスクの内容も含めて，システムとリスクマネジメントが有機的に結びついている必要がある．

システムの脆弱性は，実質的には，常に同じわけではない．ある脅威が複合的に生じたときには，もろさが大きくあらわれることもある．特にいろいろなリスクの緩和措置あるいは代替措置を考えると，リスクを緩和するさまざまな要件が浮かび上がってくる．

コストに対する考え方は特に重要だ．実際上，すべてを防ぐことは不可能である．どのようなレベルまで緩和すればいいのか，ここの部分は絶対に防がなければならない，このデータがなくなっては困るというレベルはどこかをよく考えておく必要がある．

リスクの緩和措置は，さまざまな考え方から成り立っている．緩和措置を

誤ると，実際の企業活動あるいはビジネス・コンティニュイティに重大な影響を与えることがある．特に，技術的要件でミスをすると，さまざまなマネジメントに影響を与えることは，多くの事例が示している．

3-6. リスクの検知とリカバリ

マネジメントのセキュリティの立場からいうと，まず，リスクから防護することが必要である．そのためには，セキュリティに関するさまざまな情報を検知（ディテクション）しなければならない．さらに，ビジネス・コンティニュイティの見地からは，リカバリということが重要である．これによってリスクの緩和措置は成り立っている．

特に日本では，災害あるいはリスクに対するコストの考え方が十分ではない．最初に設計した段階で，リスク・アセスメントがあまりなされていないのが現状である．

従来使っているシステムに新しいシステムをつけ加える，あるいはネットワークを結んでつけ加えるようなとき，集中型のものをいきなり分散型で使うとか，あるいは分散的なシステムをつけ加えるというようなことになると，リスクを緩和するためのコストの問題が重要になる．特に，リスクの分析そのものが非常に難しくなるので，コストの考え方の中には，さまざまなドキュメント化，あるいは分析ツールを含めて，リスク・マネジメントに結びつけていかなければならない．

これらは，ITガバナンスの一つと考えられる．その中でも，どちらかというと後ろ向きの考え方ととらえられがちだが，システムを構築する段階で，このような考え方を最初から入れておくことが必要であろう．

今までは，リスクという広い概念で考えればよかったが，現在のシステムでは，残念ながら，リスクという概念だけでは済まない．ネットワーク，あるいは分散型のシステムで成り立っているようなものに関しては，一つ一つのリスクだけでなく，十分な考え方をしなければならない．分散型のシステムあるいはオープンなシステムでどのように考えていくかという方針の一つ

が，コンティンジェンシー・マネジメントである．

4. 複　雑　性

　複雑性という概念が，いろいろなシステムあるいは情報のマネジメントに及ぼす影響についての研究が，最近いろいろな形でなされている．

　実際には，これ自身で解が出るということではないが，どういうところに問題点があるかというようなことを明らかにするには，非常によい考え方である．

　その一例として，いろいろな要素に分割する．

　まず，基本になるものは，相互に影響し合う多数の部分がN個あるとする．そのおのおのが影響し合う部分に分類すると，おのおのの関係が非常に複雑になる．Nという要素に分割して，そのおのおのの関係をあらわす．

　ゲノムその他で考えられるものが，相互作用だ．N個の要素，例えば遺伝子なら遺伝子というものに分割して，その遺伝子間の相互作用の影響を考えるということで，相互作用の個数をKとして，これはNKモデルと呼ばれている．カウフマンはじめいろいろな人たちが，さまざまなモデルをつくっている．

　情報システムは，N個の要素と，K個のおのおのの相互作用の影響ということで，NとKという形であらわせるというのが，今までの常識だった．前述のリスク分析をはじめ，あるいはコンティンジェンシーの分野でも，NとKという形で考えるのが一般的なモデルだったが，実際には，そう単純ではないということが最近わかってきた．

　そこで，第三のパラメーターとして，多様性というものを考えるようになった．

　例えばストレージのシステムの設定管理及びリカバリ，運用マネジメントを考えると，NとKだけでは十分にあらわせないようなものが出てくる．

ストレージを例にとると，システムを構成するエレメント（N）が増えていけば，要素が直線的に増大する．そのおのおののシステムのエレメントのコネクティビティ（K）は二次元的に増加していく．要するに，NとKは直線と二次曲線という関係であらわせる．

それに対して，多様性は単純なモデルではあらわせない．通常は指数関数，累乗数であらわし，2のn乗という形で増加していく．

特におのおのの要素を考えると，一つ一つの要素自身が十分な働きをしていても，どこかにトラブルあるいはミスがあると，全体のシステムの信頼性が著しく落ちるということは，従来言われている．この相互作用を及ぼしているコンポーネントの多数のサブセットが，多様性を生む大きな原因になっている．

複雑性，多様性は，管理コスト，あるいはマネジメントの難しさに最も影響を与える．特に，現在のシステムは，従来のリスクマネジメントの考え方，いわゆる閉じた系のシステムのリスク，ローカル・エリアの中のシステムだけを考えればいいということではない．外部のネットワーク，それも多様なネットワーク，専用線のレイヤ，インターネットのレイヤ，あるいは内部であってもセキュリティの度合いが違うようなシステムを多様に結びつけて，さらに分散処理をするデータセンターがあり，多様なシステムと相互に結び合っているというような形になると，管理あるいはマネジメントが複雑な形になってくる．実際には，システムの規模の拡大よりも，複雑性あるいは多様性の影響のほうが，今のシステムでは大きくなっている．

そこで，ストレージが複雑性に適応するためには，その全体がどのような仕組みで成り立っているか，多様性を十分に頭に入れて，マネジメント全体の仕組みを考えることが必要である．複雑性は，一つ一つの要素は小さくても，管理やマネジメントの問題に，全体としては大きな影響を与えるという認識を十分に持たなければならない．ビジネスのコンティニュイティという視点に立って，この問題を十分に検討することが必要だろう．

ただし，おのおのの要素をうまく分析し，リスクを軽減することで，大き

な災害が起こる危険性のあることを，全体としては小さなインパクトしかないような仕組みにもっていくことは可能であろう．いわゆる分散処理やオープンシステムは複雑性の原因にもなるが，逆に多様性をうまく利用して，仕組みをうまくマネジメントすれば，災害の軽減，ミチゲーションを実行することが可能になる．

多様性は，大きな災害を生む一つの引き金ではあるが，オープンで標準化されたシステム，あるいはおのおのの相互運用（インターオペラビリティ）がうまく機能していれば，一つ一つの要素が多様であっても，逆にその多様性を利用することによって，全体の障害を軽減することが可能になる．ただし，そのときにはシステムが十分に機能するための高度なマネジメントの仕組みが必要である．

5. 情報システムの法則

情報システムに関しては，過去において，さまざまな規則性が検討されている．

情報システムの発展の過程では，いわゆるITのパラダイムシフトで，システム中心のもの，あるいはパソコン中心のもの，いろいろなビジネスモデルが次々にあらわれてきた．

最初にあらわれた法則性は，「グロッシュの法則」である．

これは「コンピュータの性能は価格の2乗に比例する」という法則で，1964年から81年ぐらいまで，パソコンが登場するまでは，大きいコンピュータを買ったほうが性能ははるかによかった．

価格が2倍のコンピュータは，性能は2乗に比例するので4倍ある．大型機の場合は確かにそのとおりで，お金をかけると，単純にCPUの性能だけでなく，周辺機器も含めて，いろいろな形でトータルな性能が上がってくる．

次に出てきたのは「ムーアの法則」である．

「半導体の性能は18カ月で2倍に向上する」という法則で，これはウィンテルの創始者であるムーアが言った言葉であるが，現在でも，この法則はコンピュータの基本的な考え方の一つになっている．

1981年から94年ぐらいまでのパソコン中心の時代，要するに，個人のコンピューティングが出てきたときには，この法則は当てはまっていた．市販品とさまざまな水平のバリューチェーンを使って成り立つようなモデルのときには，「ムーアの法則」は十分に成り立っていた．この中では，さまざまなビジネスモデルが浮上している．

それに対して，次の世代，94年以降はネットワーク中心である．

従来は，「ムーアの法則」に従うようなマイクロプロセッサのスピードが問題であり，ネットワークもローカルエリアのネットワークが中心だった．もちろん重要なのはグラフィカル・ユーザ・インタフェースということである．

ネットワーク中心の仕組みは，1995年から21世紀の初めの10年ぐらいまで続いた．マイクロプロセッサのスピードより，実際には通信速度，ネットワークのスピード，容量が問題になる．ここでは，「メトカーフの法則」が重要になるだろう．これは「ネットワークのコストはネットワークの規模に比例して直線的に増大するが，ある閾値を超えると，ネットワークの価値は飛躍的に増大する」という法則である．

メトカーフはイーサネットを発明した本人だ．インターネットのようなものは，規模を大きくするとコストは直線的に膨らんでいくが，利用者がある一定以上に増えると，そのネットワークの価値は飛躍的に増大する．したがって，直線でなくて，対数関数的に利用者が増加することになる．まさにインターネットそのものである．

この時代は，標準化された製品も重要だが，インターネットとブラウザを中心に世の中が動いてきた．したがって，従来の仕組みでなく，もう少し別の考え方がさまざまな場所で出てきた．中心はローカルエリアでなく，ワイ

ドエリアのネットワークである．

クライアント・サーバより，もう少し普遍化したような仕組み，バックエンドは見えず，端末の前の人間同士が直接交信するような仕組み，あるいは途中の経路がどのような仕組みになっているかはあまり関係なく動くような仕組みが，21世紀の初頭までの，10年ぐらいの間に出てきた．

デジタル革命の現在では，次がどうなるかは，非常に難しいところである．現在も，技術は日々進歩している．この次の段階がどうなるか，なかなか見通しがつかない．さまざまな考え方を，さまざまな人が言っているが，現在の仕組みがいつまで続くかという見きわめが重要だ．

電子商取引あるいは消費者のネットワーク化が，コミュニケーションなどを通じて盛んに言われているが，実際には，電子商取引にしても B to C だけでなく，B to B，あるいは G to G，いわゆる業務用にネットワークが利用されるほうがはるかに大きなインパクトがあることがわかってきた．単純なコンシューマモデルではなくて，業務の内容そのもの，あるいは行政の仕事の中身そのものが，ネットワークを中心に動くような仕組みという形で，ただの情報システムではないような動きが出てきている．

そうなると，通信の帯域幅やオンラインのデマンドは非常に重要な役割を果たすので，このときには，「メトカーフの法則」が役に立つ．

ただ，「グロッシュの法則」あるいは「ムーアの法則」も，現在でも，部分的には成り立っている．そういう下地があって，初めて新しいネットワーク中心の仕組みが成り立っている．

このような変身を遂げてきた情報システムが，次にどのような仕組みに移行するか，なかなか予測がつきにくい．実際には，コンテンツ中心になるとか，次はまた別の仕組みが出てくるとか，さまざまなことが言われている．しかし，デジタル革命の時代 2035-45 年ぐらいまでは，現在のような技術の変革スピードが非常に速い時代が続くだろう．

おわりに

　この章では，今までの著述の中から関連する部分を情報システムの安全指針としてまとめた．オープンシステムが当たり前のように考えられる情報革命の時代には，コミュニケーション，知識や情報のあり方についても単独の仕組みとして存在することが難しくなってきている．見ず知らずの人ばかりでなく地球上の多くの人と6次の世界でつながることがネットワーク理論で証明されている現在，外部からの脅威，内部に入り込む脅威，境界にある脅威ばかりでなく安全安心なシステムとは安定的に稼働するばかりでなく意図しない改ざんやアイデンティティの存続などさまざまな要因が考えられる．

　常に進歩し外部状況と連動して変容し続けるシステムは，ハード，ソフトと連動し進歩していくばかりでなく古くなっていくハードウェアやソフトウェアで作成された情報やシステムそのものが動かなくなり情報や知識が失われて行く例が多々存在する．8インチや5インチのフロッピーディスク，8ミリフィルム，8ミリビデオ，VHSビデオやレーザーディスクなど媒体や書式そのものの存続が失われる状況ではコンテンツそのもので構成される情報や知識そのものが失われることこそが問題の本質なのかもしれない．

参 考 文 献

大橋正和・堀眞由美編著（2005）『ネットワーク社会経済論』紀伊國屋書店．
大橋正和編著（2005）『次世代 Web サービスとシチズン・セントリックの考え方』紀伊國屋書店．
大橋正和（2006）「Web 新時代と情報社会学会」情報社会学会誌 Vol.1,No.1，pp.33-40．
大橋正和（2010）「Social Design としての持続可能な社会システムの考え方―資源の持続的な活用と学術の新しい体系」総合政策研究 Vol.18，pp.135-156．
大橋正和（2011）「第5章　シチズン・セントリックな考え方―情報社会における基本理念」「第10章　Social Media による新しいコミュニケーションの進展」『デジタル時代の人間行動』，中央大学出版部，pp.45-59, pp.100-120．
大橋正和（2012）「Cloud と Crowd の急速な発展による iDC の変容について」電子情

報通信学会 BT-2-1，通信講演論文集 2，p.-SS-56-59.

Masakazu Ohashi (2013) "Recent Perspectives of the Infosoionomics Society based on Information and Communication Technology -Japanese Governmental Large Scale Substantiative Experiments IN Last 10 Years", Proceeding of THE 8TH INTERNATIONAL CONFERENCE ON KNOWLEDGE-BASED ECONOMY AND GLOBAL MANAGEMENT.

大橋正和（2014）「現代社会の変容と東アジアの発展過程について─4ドラゴンズの社会構造について」政策文化総合研究所年報第17号，pp.113-136.

大橋正和編著（2015）「第1章　情報社会の消費の理論的考察」「第2章　情報社会における消費行動の変容─デジタル化とインターネットの影響について（大橋・高橋）」『現代社会の変容による人間行動の変化について─消費行動の変容を中心として』中央大学出版部，pp.1-23，pp.25-58，p.216.

大橋正和（2017）「東アジアにおける社会の経済発展過程の研究─4ドラゴンズの発展過程第1期」政策文化総合研究所年報第20号，pp.87-105.

公文俊平・大橋正和編著（2014）「2章　情報社会とソーシャルデザイン─先駆者との対話を通じた情報社会での知識や社会の考え方について」『情報社会のソーシャルデザイン─情報社会学概説Ⅱ』NTT出版，p.258.

見田宗介（2006）『社会学入門』岩波新書．

Moschella, David C. (1997) "Waves of Power", AMACOM（佐々木浩二監訳『覇者の未来』, IDGコミュニケーションズ1997）

United States of Personal Management OPM System Development Life Cycle Policy and Standards, Ver1.1, p.127, April 2013.

U.S. Department of Commerce (*Carlos M. Gutierrez, Secretary*)

National Institute of Standards and Technology (*Patrick D. Gallagher, Deputy Director*), Security Considerations in the System Development Life Cycle, p.44, October 2008.

第 4 章

自閉症スペクトラム障害を持つ学生を包摂するためのソーシャルデザイン

岡嶋 裕史

はじめに——研究の背景

　自閉症スペクトラム障害[1]を持つ子供の増加が各国で報告されている．自閉症スペクトラム障害児は，これまで特別支援学校や特別支援学級に進学するケースが多く，中学校か高等学校までの単位を修了すると，障害者就労と呼ばれる支援付きの就労形態で，軽作業に従事するのが一般的だった．

　しかし，近年では自閉症スペクトラム障害児の軽症化が指摘され，いわゆる高機能自閉症（知的障害を伴わない自閉症）の児童・生徒の割合が大きくなっている．さらに，平成 24 年に発達障害者支援法が改正され，大学入試センター試験でも発達障害児への特別措置が始まるなどして，発達障害児の大学への進学が当たり前のものになろうとしている．

　彼らを受け入れる大学の体制は決して万全のものではない．大学経営のコスト圧縮圧力が強まる中で，どのような IT システムによるサポートが可能か研究した．

1. 想定される臨床像

　自閉症スペクトラム障害は，DSM-5において，社会性の障害と常同性のいずれをも持つ障害として定義されている．社会性の障害とは，人に興味がない，人と交流しない，人と共感しにくいといった事象で，常同性とは反復する運動，特定の事物やシンボルへの固執，儀式的行為への固執といった事象である．自閉症スペクトラム障害では，多くが言葉の発達の遅れを伴い[2]，言語および非言語でのコミュニケーション能力が乏しい．

　従来の診断基準であるDSM-Ⅳでは，広汎性発達障害という大カテゴリがあり，そこに自閉症やアスペルガー障害，特定不能の広汎性発達障害などのサブカテゴリが組み込まれていたが，それらが自閉症スペクトラムに統合されたことになる．

　単に統合されただけではなく，診断基準も変更が加えられている．広汎性発達障害は社会性の障害と常同性のどちらか一つを満たせば診断されたが，自閉症スペクトラム障害の場合は，両者を満たさなければ診断されない．

　具体的には，自閉症の軽症例と考えられていた，特定不能の広汎性発達障害が診断基準から外れることになるが，日本国内では未だDSM-Ⅳを適用する医師も多く，また行政の現場にも広汎性発達障害やアスペルガー障害の概念が広く普及しているため，しばらくは用語の混在と，比較的軽症例であるにもかかわらず診断を受けた児童・生徒の混在が続くことが予想される．

　いずれにしろ，大学まで進学してくる生徒は基本的に知的障害の併発はない[3]と考えてよい．日本における知的障害の診断基準は知能指数70未満である．この発達水準では抽象概念の操作に困難があり，大学進学の前提となる中等教育を完全に履修することが難しいからである．

　知的障害がなく，大学の入試もクリアできた自閉症スペクトラム障害者は，少なくとも学習面ではハンデなく大学生活を過ごせるであろうか．そうではない．彼らはまず友人を作ることが難しい．「社会性の障害」がどのよ

うな表出の仕方をするかは,学生によって千差万別だが,言葉を額面通りに理解したり(「先生は怒っていないよ」と発言するとき,たいていの先生は激怒している.そして,定型発達児は幼稚園の段階であっても,それを察知できる),極端に人と距離を取ったり,極端に人のパーソナルエリアに踏み込みすぎたりといった行動が典型的だ.前後の文脈から逸脱した唐突な行動を示す例もある.

大学教育の現場で,友人がいないことのハンデはかなり大きい.講義や試験の情報交換,学習モチベーションの維持,生活環境の互助など,友人がいれば簡単に処理できることが,ひどく時間や手間がかかってしまうことがある.

加えて,知的な水準をクリアしている自閉症スペクトラム障害者でも,学習に困難を抱える場合がある.たとえば識字障害や視知覚認識障害で,字が鏡文字に見えてしまったり,鏡文字を書いてしまったりするケースや,黒板に書かれた文が,どうしても1行おきにしか頭に入ってこないケース,黒板に書かれた単語は理解できるのだが,それを教員の話と組み合わせて一つのストーリーを組み上げノートにすることができないケースなどがあった.他にも,30分以上の着席が困難,指先の微細運動が不得手でノートを取るのに非常に時間がかかる.コンピュータのファン音が苦手でコンピュータ教室に入室できないといった多彩な事例がある.今日の日本の大学では,こうした学生をおおよそ100人に1人ほどの割合で受け入れ,教育していくことが求められている.

2. 大学の受け入れ体制

彼らを受け入れる側の大学の準備は,残念ながら遅々としている.発達心理の講座を持つなど,学問的素地のある一部の大学が自閉症スペクトラム障害を含む発達障害者にどう対応すべきかをマニュアル化[4]し始めたが,例

外的事例といってよいであろう．まだ多くの教職員にとって発達障害は自分には関わりのない出来事と認識されている．

そもそも日本では，小学校，中学校，高等学校においても，発達障害児のサポートが手薄である．脳機能障害への対応は，日本では基本的に知的障害をベースに行われてきて，特別支援学級，特別支援学校のカリキュラムも知的障害を想定して組まれている．近年の発達障害児の増大に応じてこれらの学校，学級に進学する発達障害児は増えたが，知的障害児に最適なカリキュラムと発達障害児に最適なカリキュラムは自ずと異なるため，最適な教育が施されているかは疑問である．

さらには予算の問題がある．日本においては，特別支援教育には，定型発達児に対する普通教育のおよそ9倍のコスト[5]がかけられている．増加の一途を辿る発達障害児をすべて特別支援学校や特別支援学級に進学させていたら，行政はその負担に耐えられない．

したがって，知的障害を併発していない発達障害児の多くは普通級で授業を受けるか，週に1度程度の割合で通級[6]する形で学習している．当然のことだが，適切なサポートが受けられていれば伸ばすことができた能力の芽を摘んでいる可能性がある．

発達障害児が比較的多い初等，中等教育がこのような状況である．学生全体に占める割合や実数が小さくなる大学では，さらに発達障害児へのサポートが手薄になるのは，むしろ自然なこととさえ言える．特に近年の日本では，少子高齢化を反映して，文部科学省が大学に競争原理を強く突きつけている．経営が不振な大学は淘汰されるべきとする政策が進められる中で，コスト圧縮圧力は高まり，障害者を含めたマイノリティへのサポートはおざなりになりがちである．

3. ITシステムの活用による障害者への学習サポート

先に述べた境界条件は，すぐに動かすことのできない種類のものである．しかし，教育の現場では手をこまねいて傍観することはできない．では，増大する自閉スペクトラム障害を持つ学生に，実現可能なプランとしてどのようなサポートを提供できるだろうか．

特別支援教育でネックとなるのは，学生のニーズが多岐にわたり，極めて高度なカスタマイズを行わなければならないことである．そこではマス教育は成立せず，極端に言えば1人ずつ異なったカリキュラムを組む必要がある．まさにスペシャルニーズに応えた教育を行う必要があるのだ．

一般論として，カスタマイズ性が高いほど教育コストは増大する．学生が100人いたとして，100人に対して同じ講義を行うのと，1人1人に違った講義を用意するのとでは，教員，教室，教育設備のすべての点において後者の負荷が過大になる．そのため，教職員はスペシャルニーズを理解しつつも，最大公約数的なマス教育を行い，自閉症スペクトラム障害を持つ学生が講義についていけなくなる事象を再生産している．

筆者は，関東学院大学における講義[7]において，実験的に発達障害児向けITシステムを導入し，この事象の回避を試みた．コストをかけずに高度なカスタマイズを行うことは，ITシステムが持つ優位性の一つである．もちろん，カスタマイズコストがゼロになるわけではないが，教員が学生と1対1ないしは1対小グループで対応するコストに比べれば，誤差と言ってよい範囲に収めることができる．

自閉症スペクトラム障害を含め，発達障害は極めて多様な障害の表出の仕方をする．すべての障害に対応できるITシステムを導入することが理想だが，研究の最初の段階からそれを望むことは現実的ではないだろう．そこで，筆者はノートテイキングに着目した．下記の3点がその理由である．

1) 関東学院大学にノートテイクに苦しむ学生が複数在籍していたこと

2) ノートテイクに苦しむのは，比較的一般的な障害表出の仕方であること

3) ITシステムによってサポートしやすい分野であると考えられること

関東学院大学には，ノートテイクをサポートするボランティア組織が存在するが，基本的に聴覚障害者への対応であり，自閉症スペクトラム障害を含む発達障害者はそのサービスを享受することができない．また，近年では，そもそもボランティアの登録が少なく，聴覚障害者であっても，ノートテイカーの確保に苦心している状況である．

そこで，市販されている一般的なタブレット端末（Windows8.1端末）を用いて，ノートテイクのサポートを行うシステムを構築した．アプリケーションとしては，OneNoteを使った．OneNoteは情報を集約して保存するアプリケーションで，タブレットの機能と組み合わせると板書の撮影，教員の講義の録音，（可能な場合は）ソフトウェアキーボードによる学生自身のメモを残すことができる．機能的には動画の収録も可能だが，容量の問題と他の受講生への配慮（集中しにくくなる，肖像権の処理が必要になる）から，システムへの組み込みは行わなかった．

未だトライアルの段階で，サンプル数も少なく，本格的な運用には至っていないが，いくつかの重要な示唆を得ることができた．まず，タッチパネル等のインタフェースは，自閉症スペクトラム障害者にとって有効な操作方法であり得た．自閉症スペクトラム障害者には微細運動に問題があるケースも多く，指先の不器用等が幼児期より指摘されることがある．そうした特性を持ち，ハードウェアキーボードに苦手意識をもつ学生でも，タッチパネル操作の導入はスムーズに進んだ．

ソフトウェアキーボードを使用してのメモは，そもそもメモを取るスキルが低いので，あまり使われなかった．板書の写真撮影はタブレット内蔵のカメラでも良好で，十分復習などに使える再現性があった．講義の録音は，タブレット内蔵のマイクだとノイズが大きい．指向性の高い外部マイクを利用すればこの問題は解決できるが，携帯性をやや損なうのと，初期コストが高

くなる欠点がある．制限された予算内でサポートを行う場合は，マイクの利用はオプションになるケースが出てくるだろう．ただし，自閉症スペクトラム障害者は，視覚からの入力が優位であることが多いため，この欠点が運用上の致命傷になることは少ないと思料される．

　自分で取得した講義メモ，板書の写真，録音した講義と，ノート素材が多岐にわたるため，検索性は懸念されるところである．文字情報に関しては，検索性はまったく問題がないが画像，音声に関してはいくらか当該コンテンツを再生しないと，求める情報にアクセスできない傾向がある．自習時間を増大させる要因になるだろう．この問題は，画像や音声にタグなどのメタ情報を入力することで解決することができる．しかし，メタ情報の入力はそれなりに手間のかかる作業であり，自閉症スペクトラム障害者が単独でそれを行うとすれば，タブレットの利用を逆に遠ざけてしまう可能性がある．

　そこで，画像を OCR，音声を SR によって処理することで，テキスト情報へと変換する方法を試みた．こうすれば，すべての取得情報はテキストとして等価になり，検索性も高まるが，結論を述べればこの方法を現時点で実装することは尚早と思われた．

　OCR の文字認識率は比較的高いが，教員の板書傾向によっては現実的なテキストが出力されない．特に数式が混入すると困難になる．また，SR の音声認識率は，実用的な水準には至らなかった．大学の講義特有のテクニカルタームが音声認識に悪影響を及ぼした可能性はあるため，辞書セットの改善なども含めて今後の研究課題としたい．

　また，OCR と SR のソフトウェアパッケージの高価さも，運用上問題になると思われる．統合オフィスソフトなどで簡易な OCR 機能，SR 機能を持つものも増えているが，少なくともこの用途に用いる場合は，専門性の高い単機能 OCR，SR のパッケージを導入する必要があった．それでもなお，手作業による修正がなくてはノートとして活用することが困難なコンテンツができあがる．OCR，SR 各ソフトウェアの価格と，一般的に許容される障害者サポートの予算を勘案すると，無理をして導入する必要はないと結論できる．

4. 大学における representation としての障害者サポート

本節では，前節までとは異なる視点で，大学における障害者サポートを捉え直してみたい．すなわち，representation を行う場としての障害者サポートである．

representation とは，障害者に限らず，自分の存在が誰かによって代弁されている，体現されている感覚のことである．representation に関連する事象で，近年最も目にする機会が多いのが，いわゆる whitewash とそれに対する批判だろう．

たとえば，日本の漫画『攻殻機動隊』が米国で映画化される．この作品の主人公は草薙素子という日本人であるが，演じる役者はスカーレット・ヨハンソンである．どうして，そうなるのか．白人が主導権を握る国での制作なので，白人が喜ぶようなキャスティングになる，と解釈するのが whitewash の議論である．日本人の感覚では（普段あまり人種的に阻害される感覚を味わうことがないため），そこまで怒る必要がある事象なのだろうかと訝しむ風潮が強いが，現実に多くの人種が共存し，軋轢を伴いながら生きている国や地域ではこれが大問題になる．その中核に配置されるのが，representation である．

承認欲求は人の行動原理の大きな部分を占めているが，この欲求は自分でなく代理人によっても満たすことができる．たとえば，自分は映画に出演することはできないが，自分と同じ属性を持つ役者が映画に出演していれば，代償的な承認欲求を得ることができる．言葉を換えれば，自分と同じ属性を持つ人が，映画にも書籍にも登場していないとしたら，承認欲求や自尊心は大きく傷つけられることになる．アジア人や黒人にとって，whitewash は representation が妨げられる行為であり，自らの基本的な欲求を阻害するからこそ許せないのである．

どんな属性を持つ人も，社会のあらゆる場面で，自分を represent して欲

しいという欲求があり，representされなければ不満を持つ．トランプの大統領就任も，自らが十分にrepresentされていないと考えた白人低所得者層の怒りが底流にあったと考えられている．

whitewashは日本に住む我々にとって，具体性，喫緊性を欠いた議論のようにも思われるが，我々も同じ轍を踏んでいないだろうか．日常生活の中で，たとえばテレビCMの中で，障害者や低所得者，母子家庭，父子家庭といったバックグラウンドを持つ人々を排除していないだろうか．

それを行っている人々は，おそらく善意で，あるいは無意識下において，彼ら／彼女らを排除していると考えられる．人々の購買意欲をかき立てるためのメッセージに，あるいは明るい未来を指向するためのメッセージに，そうしたノイズを混ぜたくない，と無邪気に考えるのであろう．

しかし，現実には障害者も低所得者も母子家庭者も父子家庭者も，一定の割合で社会に存在しているし，これからも存在し続けるのである．それを存在しないかのように漂白（wash）するのであれば，やっていることの本質はwhitewashと変わらない．そうした画面は，明るい未来を，豊かな生活を表現しているように見えて，実は表層的で視野狭窄な現実を如実に表現していると言える．豊かで洗練された社会とは，そうした人々を排斥するのではなく，当たり前のように受け入れ，共存し，描写する社会である．

そして，それは大学についても言えることだ．大学は（大衆化が進んだものの），未だに社会の上澄みの人々がいるべき場所であり，今後もそうあらねばならないと考えている人々がいる．知的に上澄みである分には良いのだろうが，その人達にとっての上澄みとは，健常者であったり，富裕層であったり，コミュニケーション能力が高かったりすることを指す場合がほとんどである．彼らは慈愛に満ちた態度で，障害者やコミュニケーション不全の学生は表舞台に立たない方が良い，可哀想だから，と述べ，広報や講演の場から退場させるのである．

だが，目を背けようが，聞こえないふりをしようが，障害者も低所得者も大学に入学してくるし，今後もそれは拡大していく．それは社会が洗練さ

れ，豊かになった証左であろう．であるならば，たとえば大学広報には容姿端麗な男女しか登場させないといった，無言かつ善意の排除を行うのではなく，実態に即した representation を大学当局が率先して行っていく必要がある．それこそが，洗練された，知的な大学の有り様である．

　大学という教育の場において，未だ障害者は隠蔽されてしまいがちな存在である．たとえば本稿で提案したような IT システムが，彼らの正当な representation に寄与するならば，これ以上の喜びはない．

おわりに——導入及び運用に際して考慮すべき点

　導入時に最も大きな障壁となるのが，コストであろう．本実証実験を行った時点で，筆者は本務校の情報科学センター所長という，導入障壁を除外するのに恵まれた立場だったため大きな苦労はなかったが，タブレット数点のコストも許容できない状況の教育現場があるのが実情である．それでも，当該特性を持つ学生がおり，なんとかサポートをスタートさせたい場合は，極端なスモールスタートで実績を作ることを推奨する．本来であれば，教職員，情報システム，規程類などを整備して，エコシステムを構築した上で，サポートを開始することが望ましいが，それが不可能であるときには，中古タブレット1点を学生に渡すだけでもノートテイクに正のインパクトがある．OCR や SR などのオプショナルなアプリケーションは用意せず，本論中で触れたファームウェアである OneNote さえなくて構わない．OS 標準の機能であるメモ，録音，写真のアプリだけでも，彼らが受ける授業体験を改善する効果がある．

　一つ指摘しておきたいのは，教員の抵抗に直面する可能性である．実際，授業は大学あるいは教員が提供する商品であって，それを無制限に撮影，録音することは，ほとんどの教員が好まないだろう．これらを行う際には，教員の協力が欠かせない．ハンディキャップを埋めるための正当な行為ではあ

るのだが，事前に相談し許可を取るなどの調整を行っておくことが思った以上に重要であることを，最後に付記しておく．

　日本の自閉症スペクトラム障害児を取り巻く状況は，早期発見・早期絶望と表現されている．1歳児健診，3歳児健診が完備され，早期に自閉症スペクトラム障害を発見する体制が整ったものの，その後のサポートが手薄なため，両親に単に絶望を与えるだけで，早期発見が活かされていないことを示している．この状況を打開する一助として，今後も実証実験を継続し，自閉症スペクトラム障害を持つ学生の大学生活の質を改善していきたい．

1) 日本では診断基準として未だ DSM-Ⅳ が使われる例が多い．そのため，広汎性発達障害，アスペルガー障害などの診断が混在しているが，本稿では DSM-5 にあわせて自閉症スペクトラム障害を用いる．
2) 言葉の遅れ，認知的発達の遅れがない症例をアスペルガー障害と呼んで区別していたが，DSM-5 では自閉症スペクトラム障害に統合された．
3) DSM-Ⅳ など，過去の基準では高機能自閉症と表現する．
4) たとえば，https://www.meiji.ac.jp/soudan/dvd.html など．
5) 岡嶋裕史（2012）「高機能広汎性発達障害を持つ学生に対するコンピュータ支援教育教材開発のガイドライン―視覚認知について」『経済経営研究所年報第34集』，関東学院大学，pp.107-122.
6) 1時間ほどの発達障害児向けプログラムを行う学級に通うこと．自分の所属する学校の校内にあるとは限らない．
7) 情報ネットワーク論（2014）．

参 考 文 献

東昌美，武田鉄郎（2017）「発達障害のある子どもの成長過程における教育的支援のあり方に関する実証的研究―日常生活チェックリストと身体活動量を活用して」『和歌山大学教育学部紀要67』pp.43-50.

岡嶋裕史（2012）「高機能広汎性発達障害を持つ学生に対するコンピュータ支援教育教材開発のガイドライン―視覚認知について」『経済経営研究所年報第34集』，pp.107-122.

近藤武夫（2016）「高等教育機関における発達障害のある学生に対する合理的配慮（特集 障害者差別解消法への対応）」『特別支援教育（62）』pp.46-49.

杉山登志郎（2014）「発達障害研究の展望と意義：臨床から研究の発展に期待する」『臨床心理学14（3）』，pp.319-321.

杉山登志郎（2015）『発達障害の薬物療法― ASD・ADHD・複雑性 PTSD への少量処

方』岩崎学術出版社.
鈴木浩太,稲垣真澄（2017）「発達障害児（者）をもつ養育者のレジリェンス─尺度の開発と適用について」『精神保健研究 30』pp.63-71.
山下京子（2016）「発達障害のある大学生への合理的配慮の提供とアクティブ・ラーニング」『幼児教育心理学科研究紀要 2』pp.1-7.

第 5 章

東アジアにおける教育システムの特色
――4ドラゴンズの教育システムと PISA 学力調査について――

堀 眞由美

は じ め に

　教育システムは，各々の国の歴史，社会，文化等の諸条件を背景にそれぞれが独自の展開をしている．本論文では，高度な市場経済及び異例の高成長率を維持し続ける4ドラゴンズ（Four Asian Tigers：香港，シンガポール，韓国及び台湾）に焦点をあて，教育事情について教育システムを中心に概観し，経済協力開発機構（OECD）の「生徒の国際学習到達度調査（PISA：Programme for International Student Assessment)」結果から急成長を遂げた4ドラゴンズの教育システムを探る．

1. 韓国の教育システム

1-1. 教育制度
　韓国の義務教育は，初等学校（6歳〜14歳）といわれる6年間の小学校から3年間の中学校までである．初等学校のほとんどが公立で，公立3対私立

1の割合である．英語教育は小学校3年生から開始される．3年間の高等学校は，大学進学を目指す一般高校と就職を目指す専門高校の2種類がある（図表5-1）．一般高校3対専門高校2の割合である．高校の公立と私立の割合は6：5となっている．大学進学のための塾や家庭教師，補習等も盛んである．高校では英語以外に第二外国語を履修することになっており，日本語，中国語を選択する者が多い．高校受験は，地区別による選抜制が採用されており，中学の内申書と適性試験の成績により成績準で一般高校か専門高校かに振り分けられる．従って，大学受験が本格的な受験戦争となり過熱する状況下にある．韓国人としての誇りや韓国文化が教育上で重視される．中学校・高等学校は国史，国語の教科書が国定教科書であり，韓国政府の立場を反映した歴史教育が多いことは否定できない．

韓国の大学システムは，日本とほぼ同一である．入試は2つに大別され，大学就学能力試験（日本の大学センター試験に該当）により二次試験の志望校を決定する場合と推薦入試やAO入試等による募集がある．ほとんどの大学がこの大学就学能力試験を採用しており，多くの受験生がこれを利用している．韓国は周知のように学歴社会である．どこの大学を卒業したかでその後の人生が決まるとさえいわれている．受験戦争を家族で応援する光景が，しばしば日本のニュース等でも放映される．徴兵制度により男性は，通常の4年間の大学修業年を延期する場合も多い．

1-2．進学率・公財政教育支出比率

義務教育後の中等教育の進学率は，韓国は96.4％（全日制普通・職業高等学校進学者），日本は全日制進学者で92.3％である．高等教育（大学及びその他のすべての高等教育機関・課程）への進学率は，韓国92.8％（フルタイム学生），日本は通信制・放送大学（正規課程）及び専修学校（専門課程）への進学者を含めると81.8％である．大学院等を含む全高等教育機関の在学率（在籍率＝高等教育機関÷該当年齢人口）をみると，韓国114.7％，日本は56.3％である[1]．

大学進学率（短大含む）は，1980年代までは30％程度であったが，1990年代になると70％台に上がり，その後も上昇し続けている．加熱する受験戦争に歯止めをかけようと，朴政権時に家庭教師をつけることが禁止された時期もあった．このような教育に対する情熱が，国の高い教育水準を維持し，国際競争力を支えてきたことは否定できないであろう．

国内総生産（GDP）に占める公財政教育支出の割合をみてみると，2002年は日本3.6％，台湾6.08％，韓国4.2％，2004年は日本3.6％，台湾5.91％，韓国4.6％である．国と地方による公財政支出全体（一般政府総支出）に占める公財政教育費の割合（家計への生活補助費（授業料等として学校に納付されない生活費）が含まれる）は，2002年は日本10.6％，台湾21.43％，韓国15.5％，

図表5-1　韓国の教育システム

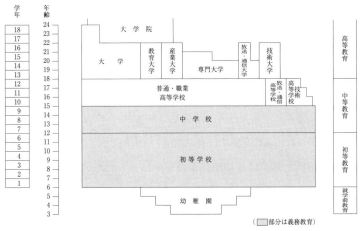

就学前教育──就学前教育は，3〜5歳児を対象として幼稚園で実施されている．
義務教育──義務教育は6〜15歳の9年である．
初等教育──初等教育は，6歳入学で6年間，初等学校で行われる．
中等教育──前期中等教育は，3年間，中学校で行われる．後期中等教育は，3年間，普通高等学校と職業高等学校で行われる．普通高等学校は，普通教育を中心とする教育課程を提供するもので，各分野の英才を対象とした高等学校（芸術高等学校，体育高等学校，科学高等学校，外国語高等学校）も含まれる．職業高等学校は，職業教育を提供するもので，農業高等学校，工業高等学校，商業高等学校，水産・海洋高等学校などがある．
高等教育──高等教育は，4年制大学（医学部など一部例外は6年），4年制教育大学（初等教育担当教員の養成）および2年制あるいは3年制の専門大学で行われる．大学院には，大学，教育大学及び成人教育機関である産業大学の卒業者を対象に，2〜2.5年の修士課程と3年の博士課程が置かれている．
成人教育──成人や在職者のための継続・成人教育機関として，放送・通信大学，産業大学，技術大学（夜間大学），高等技術学校，放送・通信高等学校が設けられている．

（出所）文部科学省，「教育指標の国際比較平成25（2013）年版」
　　　http://www.mext.go.jp/b_menu/toukei/data/kokusai/__icsFiles/afieldfile/2013/04/10/1332512_04.pdf

2004年は日本9.8％，台湾22.05％，韓国16.5％であり，台湾の教育費の割合が高い[2]．

2. 台湾の教育システム

2-1. 教育制度

　台湾の教育機関は，基礎教育（幼稚園・小学校・中学校），中間教育（高等職業学校・高校），高等教育，再教育で構成されている．500万人以上の学生が8,000を超える教育機関で学んでおり，これには，100以上の高等機関で学んでいる約130万人の学生が含まれている．現在の教育システムは学校教育22年間で構築されている．卒業時期については，学生の必要に応じて柔軟性がある．通常は，2年間の幼稚園，6年間の小学校，3年間の中学校，3年間の高校，4～7年間の短期大学または大学，1～4年間の大学院修士課程，2～7年の大学院博士課程で全過程が構成されている（図表5-2）．

　基礎教育の6年間の小学校と3年間の中学校では，両者のカリキュラムは関連性があるよう統合されている．日本の9年一貫教育は，小・中学校が同じ校舎で9年間のカリキュラムで編成しているが，台湾の場合は，教科内容だけを9年間一貫に編成し直し，全国の小・中学校で実施される．学習の主な内容は，国語と算数に重点が置かれている．また小学校から英語と台湾語・客家語・原住民語の授業がある．日本のこれまでの英文法中心教育とは異なり，台湾では，「話す」ことと「現在を知る」ことに主眼が置かれている．例えば，「世界地理を学ぶ」「各大陸の文化を知る」というテーマで，英語で世界から台湾を考えさせるグローバルな取り組みが行われている．歴史・地理は「社会」科目に統一されており，身近な生活から台湾の地理・歴史を教える内容である．国語は，友情を教えるなど道徳的な事柄と台湾や世界文化などに関係した内容である．

　教育省（MOE：Ministry of Education）では，10年間の試行義務教育プロ

グラムを実施し，これが中学と高校に職業教育トレーニングプログラムを導入するための原案となった．現在，中学校でこの職業教育トレーニングプログラムを履修希望する生徒は，中学校最後の2年間に履修可能である．中間教育としては，中学校を卒業後3年間の一般高校か高等職業学校へ進学する．高等職業学校には，農業，産業，ビジネス，海上学習，海産物，医薬，看護，家庭経済学，ドラマ＆芸術等のコースがある．高等教育は，入学要件の異なる2年制と5年制の短期大学に分類できる．2年制は高等職業学校卒業，5年制短期大学は高校卒業が要件となる．高等職業学校は，日本の高専と似ているが，普通の高校卒と同様の資格となり，こちらに進学する率も高い．

大学は4年間であるが，指定された期間で卒業ができない場合には，2年

図表5-2　台湾の教育システム

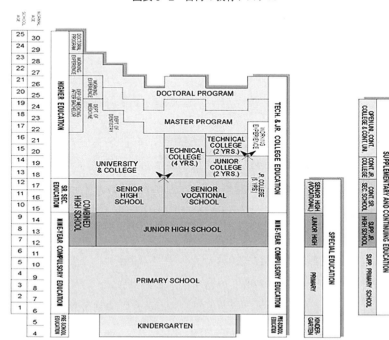

(出所) 台湾教育システム，http://english.moe.gov.tw/ct.asp?xItem=153&CtNode=499&mp=1

間以内の卒業延期が可能である．歯科医や薬剤師等の専門職大学学部のプログラムは，1年のインターンシップを含む6～7年間が必要である．教員養成プログラムは通常4年間で，一般大学での中学校教員養成用と一般短期大学での小学校，幼稚園教員養成用とに分かれている．大学院修士課程は1～4年，博士課程は2～7年が必要である．大学院生は，実地訓練（OJT）の一部として，万一修了単位取得に失敗したり，修士論文や学位論文が完成しない場合には，修了時期の延長が認められている．

　高校と短期大学や大学，大学院の目標は，グローバルな視野を持った高度な専門性のある人材を育成することである．高等職業学校，短期大学，科学技術機関や大学の科学技術分野が含まれる技術職教育の目標は，経済発展のための技術的な人材を育成することである．台湾の無学状況は，1991年の7％から2009年には3％に減少しており，1976年以来，小学校と中学校への教育普及率は99％以上となっている．高校や早期幼児教育にも教育普及率を拡大したいと考えている．情報通信技術の進展に伴い，台湾のライフスタイルや社会構造は大きな変化を迎えており，教育においても同様のことがいえるだろう．

2-2. 教育改革

　1994年中学，高校の総数は177校，大学，大学院は50校であった．2006年には，中学，高校は318校，大学，大学院は147校へと急速に増加した．これは1994年に李登輝，陳水扁両政権によって推進された「十年教改」（十年教育改革）によるものである．台湾は，1950年代以来「悪性補習」といわれる歴史的教育問題を抱えており，進学競争が激化し，学習塾や学校以外での補習教育が過熱した状態が続いていた．「十年教改」は，この対応策としての改革であった．「十年教改」の起点ともなった民による「410教改大遊行」（410教育改革大行進：1994年5万人以上の民間の教育改革諸団体による教育改革を求める大規模なデモ行進）があり，1995年には官による「行政院教育改革審議委員会」が成立した．

台湾の教育改革は，この「410教改大遊行」のデモ行進によりさらに加速したが，実際には台湾の政治的，経済的環境の大きな変化によって自然と生じてきた動きでもあるといわれている．台湾では，1987年に戒厳令が解除され，民主化の動きが表面化した．野党だった民進党による国民党政権への挑戦が始まり，また労働者，女性，環境保護，本土化などをテーマとする社会運動も盛んになった．このような国民の動きの中で，それまで閉鎖的だった教育に対して政府は何らかの反応を示さざるを得なくなり，教育改革へと進めたのであろう．

台湾の人間教育の基本は，儒教の影響が大きいと思われる．「温故知新」といわれる通り，台湾では儒学を骨格にして，教育や生き方を考えるという側面は，教育の土壌（無意識的な背景）として存在しているようにみえる．幼稚園や小学校低学年では，「三字経（さんじきょう）」（3文字で1句とし，偶数句末で韻を踏み，平明な文章で学習の重要さや儒教の基本的な徳目，経典の概要，一般常識，歴史などを盛り込んでいる）という儒教の教えを短くまとめた詩を暗唱させている．

3. 香港の教育システム

3-1. 教育制度

香港の教育制度は，満6歳の9月から小学校（6年間）と中学前期課程（3年間）が義務教育であり，その後の中学後期課程（日本の高校に相当，2年間），大学予科（2年間），大学（3年間）となっている．主権移譲後の教育制度改革により，義務教育はそのままで，予科2年間を廃止し，中学後期課程を3年間，大学を4年間とする「6・3・3・4制度」が，2006年から2012年にかけて順次開始された（図表5-3）．この改革は，予科の教科内容が専門的かつ高度で，大学入学後に修得するのが適切であるということ，3・3・4学制のほうが海外主要国の教育制度に準じているという理由からである[3]．

香港ではインターナショナルスクールも多く存在し，英語や他の言語で授

業を行っている．インターナショナルスクールへの入学には，最低限の語学力が必要となり，高い授業料や定員制限があるため，多くの子供は現地校に通うことになる．義務教育として小学校で6年間を修了すると，次には5年間の中学教育がある．義務教育はこのうち1年から3年までで，4年目に入る前に本人の希望や学業成績レベルにより中学校が変わる場合がある．また一部はその時点で働き始めるケースもある．5年間の中学修了後，HKCEEH（Hong Kong Certificate of Education Examination）と呼ばれる統一試験制度がある．国語，英語，数学，文学，歴史，地理，経済，物理，化学，生物等から選択した科目ごとに6段階のレベルで評価される．大学進学には，この試験で一定の成績をおさめる必要がある．また，これは，就職活動の際の学業成績証明となる．

　香港特別行政区では，まず初中等教育段階で，「二文三言語」，すなわち，書き言葉としての中国語・英語と，話し言葉としての広東語・中国語・英語の教育に力を入れている．他の外国語教育は，ほとんど行われていないのが実情である．しかし，世界中から人が集まる香港で，中国語・英語に加えてさらに他の外国語ができるメリットは大きく，また，大学または民間の語学

図表5-3　香港の教育システム

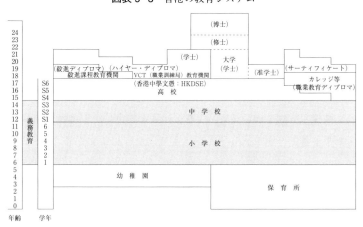

（出所）http://www.edb.gov.hk

学校で他の外国語を学ぶ人も多く,その中でも日本語は人気が高い[4].

　香港には8つの公立大学があるが,大学までの進学率は低く,そのため大学卒業証書は高い能力の証しとなる.したがって,大卒は就労の場では高いポストが用意され,初任給は平均的に中学5年卒の2倍近くまで上がるといわれている.一方,大学進学をせず,職業訓練局等の機関で専門能力を高めてより高いポストを目指す人々も多い[5].香港特別行政区政府では,より高度な教育と就労の場を提供することにより,多様性のある人生への選択をスムーズに提供可能となることを示唆している.

4. シンガポールの教育システム

4-1. 教育制度

　シンガポールの教育制度は,小学校6年間,中学校4年間の計10年間が政府により保証され,英語,母国語,算数等の基礎教育に重点が置かれている.多言語社会という言語環境の中で,小学校4年生の修了時から徹底した能力別教育制度が開始され,選別試験により中学校への選択が行われる.中学以降も厳しい競争が続き,その競争に勝ったものだけが国内に2校しかない大学に入学が許可される.日本のような学区制がないシンガポールでは,希望する遠隔の学校に通学する生徒もいる.すべての公立校が母語,社会,道徳の授業を除いて,数学を含み基本的に授業は英語で行われ,週48～49時限のうち7～8割は英語による授業が実施される.その成果は,TOEFLの平均スコアが,アジア各国の中で常に1,2位を争っていることからも確認できる.教育省では,これまでの知識詰め込みの教育方針から"Thinking School Learning Nation"(TSLN,思考する学校,学ぶ国家)」,"Teach Less Learn More"(TLLM,指導は少なく思考を多く)のキーワードを掲げ,思考能力をさらに高める教育を目指し,教員,教材,選別試験の内容を変更していく方針がとられている.しかしながら,多民族国家であるシンガポールがこ

図表 5-4　シンガポールの教育システム

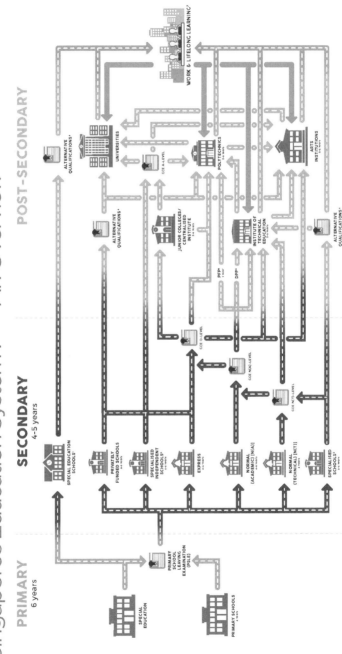

（出所）https://www.moe.gov.sg/education/education-system

れまで果たした社会，経済発展を考えると，能力別教育制度が果たした役割は計り知れない．近年，シンガポールにおいても高等教育を受ける機会が増大するに伴い，高学歴の労働者比率が高まっている．1999年では労働者の学位取得者は約15%であったが，2009年には約27%に上っている．海外の大学や高等研究機関で学んだ者の約半数が，学位取得者となっている[6]．

なお，シンガポール政府は，これまでの中等教育と短大を併合した全国中間試験を受けずに，飛び級で入学できる総合学生教育プログラムに替わる制度を2013年より実施している．普通科中等教育学生の3分の1にあたる2,000名に対して，中等教育を経ないで5年間修学の科学技術専門学校（日本の高専に相当する）に入学できる制度である．この教育制度には，2つの選択コースがある．高度科学技術専門学校に入学が許可される準備教育として，1つは入学生のトップ1割の学生が選択できる1年修了の科学技術基礎コースと，トップ2割の学生が選択できる技術教育研究所に併設する2年間修学の高度情報技術コースである[7]（図表5-4）．

シンガポールでは公用語は，英語，中国語，マレー語，タミール語の4つの母語があり，テレビやラジオもそれぞれの言語で放送され，新聞等メディア関係も多言語により情報発信をしている．英語を国民共通の公用語として，各民族の母語も公用語として対等に扱っている．民族構成は，中華系7.5%，マレー系14%，インド系9%，その他2%となっている[8]．

5. 国際学習到達度調査：PISA

経済協力開発機構（OECD）では，「生徒の国際学習到達度調査」（PISA：Programme for International Student Assessment）を実施している．科学的リテラシー全体及び科学的能力（コンピテンシー）の3領域（「現象を科学的に説明する」「科学的探究を評価して計画する」「データと証拠を科学的に解釈する」）について，得点により生徒の習熟度をレベル6以上からレベル1未満の8段階

に分ける．科学的リテラシーとは，思慮深い市民として，科学的な考えを持ち，科学に関連する諸問題に関する能力である[9]．2015年度の調査報告書より，4ドラゴンと日本の調査結果をみると，「科学的リテラシー全体」は，1位シンガポール，2位日本，4位台湾，8位香港，10位韓国である．「現象を科学的に説明する」は，1位シンガポール，2位日本，3位台湾，8位香港，14位韓国である．「科学的探究を評価して計画する」は，1位シンガポール，2位日本，7位台湾，8位香港，11位韓国である．「データと証拠を科学的に解釈する」は，1位シンガポール，2位日本，4位台湾，8位韓国，9位香港である．シンガポールは，4部門ですべて第1位を占めており，4ドラゴンズの国々はそれぞれの部門で上位を占めている（図表5-5）．

この調査は，調査参加国が共同で国際的に開発し，15歳児を対象とした学習到達度を調査するもので，義務教育修了段階の知識や技能の学習内容を日常生活のさまざまな場面で直面する課題にどの程度活用する力があるか評価をする．2015年調査では，72か国・地域（OECD加盟35か国，非加盟37か国・地域）約54万人の生徒を対象に実施した．特定の学校カリキュラムが，どれだけ習得されているかをみる調査とは異なる．2000年から3年ごとのサイクルで実施されている．

この調査で注目すべき国は，エストニアである．エストニアはバルト海に面した人口130万人ほどのEUに加盟している小国であるが，教育とICT（Information Communication & Technology）の社会への運用能力に力を入れており，電子政府制度の普及に関しても世界でもトップクラスの評価を得ている．PISAのランキングには，2006年頃から上位にランキングされるようになってきている．「科学的リテラシー」は3位，「現象を科学的に説明する」は5位，「科学的探究を評価して計画する」は3位，「データと証拠を科学的に解釈する」は3位である．エストニアの一人当たりの購買力平価[10] GDP（USドル）の推移をみると，2008年の金融恐慌の影響を受けたものの2016年には，3万ドルを超えるレベルまで成長しており注目に値する（図表5-6）．教育への成果があらわれていると思われる．

第 5 章　東アジアにおける教育システムの特色　111

図表 5-5　科学的リテラシーの平均得点の国際比較

	科学的リテラシー全体	得点	現象を科学的に説明する	得点	科学的探究を評価して計画する	得点	データと証拠を科学的に解釈する	得点
1	シンガポール	556	シンガポール	553	シンガポール	560	シンガポール	556
2	日本	538	日本	539	日本	536	日本	541
3	エストニア	534	台湾	536	エストニア	535	エストニア	537
4	台湾	532	フィンランド	534	カナダ	530	台湾	533
5	フィンランド	531	エストニア	533	フィンランド	529	マカオ	532
6	マカオ	529	カナダ	530	マカオ	525	フィンランド	529
7	カナダ	528	マカオ	528	台湾	525	カナダ	525
8	香港	523	香港	524	香港	524	韓国	523
9	北京・上海・江蘇・広東	518	北京・上海・江蘇・広東	520	北京・上海・江蘇・広東	517	香港	521
10	韓国	516	スロベニア	515	ニュージーランド	517	北京・上海・江蘇・広東	516
11	ニュージーランド	513	ニュージーランド	511	韓国	515	ニュージーランド	512
12	スロベニア	513	ドイツ	511	オーストラリア	512	スロベニア	512
13	オーストラリア	510	オーストラリア	510	スロベニア	511	イギリス	509
14	イギリス	509	韓国	510	オランダ	511	ドイツ	509
15	ドイツ	509	イギリス	509	ベルギー	508	オーストラリア	508
16	オランダ	509	オランダ	509	ベルギー	507	オランダ	506
17	スイス	506	アイルランド	505	スイス	507	スイス	506
18	アイルランド	503	スイス	505	ドイツ	506	ベルギー	503
19	ベルギー	502	ノルウェー	502	デンマーク	504	ポルトガル	503
20	デンマーク	502	デンマーク	502	アメリカ	503	ポーランド	501
21	ポーランド	501	ポーランド	501	ポルトガル	502	フランス	501
22	ポルトガル	501	オーストリア	499	ポーランド	502	アイルランド	500
23	ノルウェー	498	ベルギー	499	アイルランド	500	デンマーク	500
24	アメリカ	496	スウェーデン	498	フランス	498	ノルウェー	498
25	オーストリア	495	ポルトガル	498	ノルウェー	493	アメリカ	497
26	フランス	495	チェコ	496	スウェーデン	491	ラトビア	494
27	スウェーデン	493	スペイン	494	ラトビア	489	チェコ	493
28	チェコ	493	アメリカ	492	スペイン	489	スペイン	493
29	スペイン	493	フランス	488	オーストリア	488	オーストリア	493
30	ラトビア	490	ラトビア	488	チェコ	486	スウェーデン	490
31	ロシア	487	ロシア	486	ロシア	484	ロシア	489
32	ルクセンブルク	483	ルクセンブルク	482	ルクセンブルク	479	ルクセンブルク	486
33	イタリア	481	イタリア	481	リトアニア	478	イタリア	482
34	ハンガリー	477	ハンガリー	478	イタリア	477	アイスランド	478
35	リトアニア	475	リトアニア	478	アイスランド	476	ハンガリー	476
36	クロアチア	475	クロアチア	476	ハンガリー	474	クロアチア	476
37	アイスランド	473	アイスランド	468	クロアチア	473	リトアニア	471
38	イスラエル	467	スロバキア	464	イスラエル	471	イスラエル	467
39	スロバキア	461	イスラエル	463	スロバキア	457	スロバキア	459
40	ギリシャ	455	ギリシャ	454	ギリシャ	453	ギリシャ	454
41	チリ	447	ブルガリア	449	チリ	443	チリ	447
42	ブルガリア	446	チリ	446	ブルガリア	440	ブルガリア	445
43	アラブ首長国連邦	437	アラブ首長国連邦	437	アラブ首長国連邦	433	アラブ首長国連邦	437
44	ウルグアイ	435	ウルグアイ	434	ウルグアイ	431	ウルグアイ	436
45	キプロス	433	キプロス	432	キプロス	430	キプロス	434
46	トルコ	425	トルコ	426	トルコ	428	トルコ	423
47	タイ	421	タイ	420	タイ	423	タイ	422
48	コスタリカ	420	タイ	419	コスタリカ	422	カタール	418
49	カタール	418	カタール	417	コロンビア	420	コロンビア	416
50	コロンビア	416	メキシコ	414	メキシコ	415	コスタリカ	416
51	メキシコ	416	コロンビア	412	カタール	414	メキシコ	415
52	モンテネグロ	411	モンテネグロ	411	モンテネグロ	408	モンテネグロ	410
53	ブラジル	401	ブラジル	403	ペルー	399	ペルー	398
54	ペルー	397	ペルー	392	ブラジル	398	ブラジル	398
55	チュニジア	386	チュニジア	385	チュニジア	379	チュニジア	390
56	ドミニカ共和国	332	ドミニカ共和国	332	ドミニカ共和国	324	ドミニカ共和国	330
	OECD 平均	493	OECD 平均	493	OECD 平均	493	OECD 平均	493

（注）本表では 2015 年調査においてコンピュータ使用型調査を実施した国のみ取り上げている．
（出所）「OECD 生徒の学習到達度調査～ 2015 年調査国際結果の要約～」平成 28 年（2016 年）12 月，文部科学省国立教育政策研究所，12 頁．

図表 5-6 エストニア一人当たりの購買力平価 GDP の推移

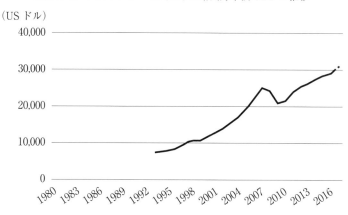

(出所)"World Ecomic Outlook Databases", International Monetary Fund, 2017

　科学的リテラシー，読解力，数学的リテラシーの 3 分野に関して 15 位までを一覧にすると以下の通りである（図表 5-7）．

図表 5-7 全参加国・地域（72 か国・地域）における比較

	科学的リテラシー	平均得点	読解力	平均得点	数学的リテラシー	平均得点
1	シンガポール	556	シンガポール	535	シンガポール	564
2	日本	538	香港	527	香港	548
3	エストニア	534	カナダ	527	マカオ	544
4	台湾	532	フィンランド	526	台湾	542
5	フィンランド	531	アイルランド	521	日本	532
6	マカオ	529	エストニア	519	北京・上海・江蘇・広東	531
7	カナダ	528	韓国	517	韓国	524
8	ベトナム	525	日本	516	スイス	521
9	香港	523	ノルウェー	513	エストニア	520
10	北京・上海・江蘇・広東	518	ニュージーランド	509	カナダ	516
11	韓国	516	ドイツ	509	オランダ	512
12	ニュージーランド	513	マカオ	509	デンマーク	511
13	スロベニア	513	ポーランド	506	フィンランド	511
14	オーストラリア	510	スロベニア	505	スロベニア	510
15	イギリス	509	オランダ	503	ベルギー	507

(出所)「OECD 生徒の学習到達度調査（PISA2015）のポイント」平成 28 年（2016 年）12 月，文部科学省国立教育政策研究所，3 頁．

お わ り に

　国が豊かで，教育への予算が多い国であっても，その国の生徒の成績を保証するものではない．多くの OECD 諸国が，公的予算と教育費を削減しようとしているが，国の教育システムの成功の有無は，教育資源をどの位投入するかということではなく，何にどのように投資するかにより決まるといっても過言ではない．そのことは，PISA 調査結果が物語っているだろう．PISA の調査結果で上位に挙がっている国々は，必ずしもすべてが豊かな国とはいえず，多くの資金を教育に配分しているわけではない．成長を続けている国エストニアは，PISA 調査の科学的リテラシー（3位）のみならず，読解力（6位）や数学的リテラシー（9位）も平均得点が高い傾向にある．1960 年代初頭から 1990 年代まで年7％を超える高度成長率を維持し，急速な工業化により高度経済成長を遂げ世界をリードする大国・地域に発展した4ドラゴンズは，教育においても上位に位置し教育システム上成果を上げている．教育にいくら費やすかよりも，リソース，政策面に力を注ぎ，あわせて教員の質向上を重視し，生徒全員を導く力を引き出すことにより大きな成果を上げている．

謝辞：本研究は，政策文化総合研究所のプロジェクトの基礎となる研究であり，この研究を東アジアの発展過程の研究の基盤とした．資源協会における4ドラゴンズに関する2回にわたる調査委員会（委員長：大橋正和）の研究成果をベースに構成されている．研究に際して，援助を頂いた財団法人新技術振興渡辺記念会と調査委員会の委員の皆様の協力について，ここに記して深甚なる謝意を表する．

1) 文部科学省,「教育指標の国際比較平成 25（2013）年版」http://www.mext.go.jp/b_menu/toukei/data/kokusai/__icsFiles/afieldfile/2013/04/10/1332512_04.pdf
2) OECD,『図表でみる教育』（2012〜2014 年版）http://www.mext.go.jp/b_menu/toukei/002/index01.htm
3) http://334.edb.hkedcity.net/doc/eng/report_e.pdf
4) http://www.jpf.go.jp/j/japanese/dispatch/voice/higashi_asia/china/2002/report04.

html
5) http://www.kaken.or.jp/oversea/2005/h_repo09.html
6) http://www.mom.gov.sg/Documents/statistics-publications/manpower-supply/report-labour-2009/mrsd_2009LabourForce.pdf
7) http://www.todayonline.com/print/singapore/edc100902-0000122/news-paths-for-normal
8) http://www.mofa.go.jp/mofaj/area/singapore/data.html
9) 科学的リテラシーを身に付けた人は，科学やテクノロジーに関する筋の通った議論に自ら進んで携わり，それには3つの能力（コンピテンシー）を必要とする．①現象を科学的に説明する（自然やテクノロジーの領域にわたり，現象についての説明を認識し，提案し，評価）．②科学的探究を評価して計画する（科学的な調査を説明し，評価し，科学的に問いに取り組む方法を提案）．③データと証拠を科学的に解釈する（様々な表現の中で，データ，主張，論（アーギュメント）を分析し，評価し，適切な科学的結論を導き出す）．
10) 一人当たりの GDP = GDP ÷ 人口．購買力平価は，「為替レートは2国間の物価上昇率の比で決定する」という観点により，インフレ格差から物価を均衡させる為替相場を算出．各国の物価水準の差を修正し，より実質的な比較ができるとされている．

参 考 文 献

大橋正和，「Social Design としての持続可能な社会システムの考え方―資源の持続的な活用と学術の新しい体系―」，『中央大学総合政策研究 Vol. 18』，pp.135-156, 2010

大橋正和，「現代社会の変容と東アジアの発展過程について―4ドラゴンズの社会構造について」『中央大学政策文化総合研究所年報第17号』，pp.113-136, 2013

資源協会編，「資源の総合利用に関する基礎調査（ソフト資源）調査報告書」，資源協会，2007

資源協会編，「韓国，台湾におけるソフト資源の動向に関する調査研究」，資源協会，2008

資源協会編，「シンガポール，香港におけるソフト資源の動向に関する調査研究」，資源協会，2010

堀眞由美，第5章「情報社会時代の働き方　女性労働の現状と課題からみる今後の働き方」，『情報社会のソーシャルデザイン―情報社会学概論Ⅱ』，NTT出版，pp.127-145, 2014

堀眞由美，第3章「現代社会の変容と女性消費者の動向」，『現代社会の変容による人間行動の変化について：消費行動の変容を中心として』，中央大学政策文化総合研究所研究叢書18，中央大学出版部，pp.59-84, 2015

参考 URL

［台湾］

http://www.edu.tw/EDU_WEB/EDU_MGT/STATISTICS/EDU7220001/publish/education_ROC/education_ROC_2007.pdf?FILEID=159781&UNITID=139&CAPTION=Education%20in%20Taiwan（2007（台湾教育システム）

http://win.dgbas.gov.tw/dgbas04/bc4/manpower/year/year_sr_t7.asp?table=7&yearb=94&yeare=94&tt=44（台湾男女別学歴別産業別就業状況 2005）

［香港］

http://334.edb.hkedcity.net/doc/eng/report_e.pdf,

http://www.jpf.go.jp/j/japanese/dispatch/voice/higashi_asia/china/2002/report04.html,

http://www.kaken.or.jp/oversea/2005/h_repo09.html

［シンガポール］

http://www.mofa.go.jp/mofaj/area/singapore/data.html

http://www.mom.gov.sg/Documents/statistics-publications/manpower-supply/report-labour-2009/mrsd_2009LabourForce.pdf

http://www.moe.gov.sg/education/education-statistics-digest/files/esd-2010.pdf

http://www.moe.gov.sg/education/education-statistics-digest/files/esd-2010.pdf

http://www.todayonline.com/print/singapore/edc100902-0000122/news-paths-for-normal

［その他］

http://www.mext.go.jp/b_menu/toukei/data/pisa/index.htm　文部科学省

OECD 国際学習到達度調査（PISA）

Guillermo Montt, PISA IN FOCUS 2012/02,

https://www.oecd.org/pisa/pisaproducts/pisainfocus/pisa%20in%20focus%20No.%2013%20(JPN)_final.pdf#search=%27%E3%82%A8%E3%82%B9%E3%83%88%E3%83%8B%E3%82%A2%E3%81%AE%E4%B8%80%E4%BA%BA%E5%BD%93%E3%81%9F%E3%82%8A%E3%81%AE%E8%B3%BC%E8%B2%B7%E5%8A%9B%E5%B9%B3%E4%BE%A1GDP%28US%E3%83%89%E3%83%AB%29%E3%81%A8%E6%95%99%E8%82%B2%E3%81%AE%E9%96%A2%E4%BF%82%27

PISA 2009 Results: What Makes a School Successful? Resources, Policies and Practices (Vol. iV) strong Performers and successful Reformers in Education policy video series

第6章

中小企業のソーシャルインパクト行動における利他性誘因と組織的探索行動
—— 熊本大震災時の産業用テントメーカーによる復旧支援活動からの考察 ——

亀 井 省 吾

はじめに

　中小企業庁発行の「2011年版中小企業白書」によると，1980年〜2009年に開業の帝国データバンク登録企業が，一定期間経過後どれだけ活動を継続しているかという企業の生存率が分かる．生存率は起業から10年後に約70％，20年後は約50％に低下する（図6-1参照）．

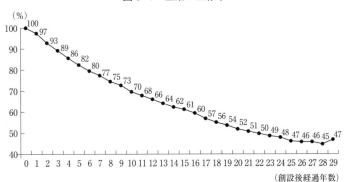

図6-1　企業の生存率

（出所）中小企業庁『中小企業白書』2011年，p.187.

また，東京商工リサーチの「2012 年業歴 30 年以上の企業倒産調査」からは，2012 年に倒産した業歴 30 年以上の老舗企業は 3,320 件と，前年の 3,404 件より 84 件減少したものの，倒産件数全体に占める構成比は 31.2％で 2 年連続上昇したことが分かる．2012 年の資本金別では，倒産した老舗企業は，5 千万円以上 1 億円未満の区分で構成比が 51.6％（前年 49.7％）と最も高く，次いで個人企業ほかの区分で 45.7％，1 千万円以上 5 千万円未満の区分で 43.9％を占めている．また，東京商工リサーチの 2012 年「業歴 30 年以上の企業倒産」調査では，2012 年の倒産企業の平均寿命を 23.5 年としている．企業にも寿命があり，一旦地位を確立したかに見える老舗企業においても，世の中の変化についていけなければ倒産してしまうことが分かる．特に基盤が脆弱な中小企業においてその傾向は顕著であり，且つ変化の激しい製造業においてその傾向が強いことが読み取れる．

　Geus, A.D.(2002) によると，世界の企業寿命については，フォーチューン・グローバル 500（世界の企業の売上高をランキングしたリスト）にランキングされている企業の平均寿命は 40 年〜50 年である．清水剛 (2004) は戦後日本企業の安定性を，東京証券取引所第 1 部に上場している期間を寿命の代理変数と捉えた考察の中で，「1990 年代の後半から 2000 年代にかけて急速に企業の短命化が進行している」と述べている．関本昌秀 (1982) は「組織は，人間と同じようにライフサイクルをもつ」と述べ，Mcgrath, G. R. (2013)，では，デジタル革命による世界のフラット化，参入障壁の低下，グローバリゼーションが進行し刻々と変化する世界において，競合他社や消費者の動向は余りにも予測が難しく，本当に持続する優位性を築ける企業は稀とした上で，一時的競争優位のライフサイクルを素早く回す事が肝要と述べている．一方，企業組織は，確実に実る日々の連続した取り組みに埋没し，その成果が不確実な新たな事業の種を探す取り組みは後回しになりがちである．特に長い年月，確立した事業で成功を収め，組織文化が浸透した企業はそうなりがちであるが，新たなイノベーションの種を探さぬ企業はやがて寿命を迎える．

では，デジタル革命により刻々と変化する環境下において，資源制約的な中小企業が「探索」に踏み出すきっかけとは何か．その誘因についての研究領域を経営学から社会学へと広げ述べていくものとする．

1. 目的と方法

企業の持続的成長とは，既存事業を日々改善すると共に，不確実性のある環境に適応する為に新たな事業の種を見つけていく不断の取り組みの末に実現するものである．前者の漸進的取り組みを「活用（exploitation）」，後者の非連続な取り組みを「探索（exploration）」という．つまり，企業が持続的成長を達成する為には March, J. G. (1991) が示した「活用」と「探索」の両立という課題に応えていかねばならない．Levinthal, D. A. and March, J. G. (1993) は，組織は探索よりも活用を優先する傾向が強いとし，その両立の困難さを課題としている．筆者は，持続的成長を目的とした企業活動における「活用」と「探索」の両立必要性に着目し，「活用」との両立が難しいとされる「探索」誘因の一つとしてソーシャルインパクト行動が挙げられるという仮説を創設し，研究に取り組んできている．March, J. G (1991) によれば，「活用」が改善・手直し等の漸進性を特徴とするのに対し，「探索」は多様性の追求，柔軟性の確保等の特徴を持つ活動であるとし，Levinthal, D. A. and March, J. G (1993) では，「組織の存続と繁栄」の実現には両者の両立を必要とするが，組織は「探索」よりも「活用」を優先する傾向が強いとしている．Kamei, S., Ohashi, M. and Hori, M. (2015) では，社会課題を解決する企業行動をソーシャルインパクト行動と定義した上で，「探索」誘因として挙げ，亀井省吾，大橋正和 (2014) においては，「探索」から「活用」への循環サイクルを提示している．

しかしながら，これまでの筆者らの研究では，企業組織がソーシャルインパクト行動を惹起する態様については未だ明らかにできていない．果たして

資源制約的な中小企業が「活用」から資源を割いて，社会的課題解決という「探索」行動を惹起するメカニズムに何が起因しているのか．その態様を明らかにする為に，本稿では，大澤真幸らの偶有的な利他性に関する社会学的考察からの知見を取り入れ，更なる論考を進めていくことに主眼を置く．

　これまで扱った社会課題として，障碍者雇用の他，医療，東北復興などがあるが，今般は 2016 年 4 月に大地震に見舞われた熊本における被災者支援という比較的直近事例を扱う．本事例では，熊本の大地震被災者向けに，いち早く仮設テントを供給した静岡県の中小企業に分類されるテント施工業者の取り組みに着目し，その企業行動の背景や動機と，その取り組みが被災地に齎したソーシャルインパクトの質，そして異業種への参入について，企業経営者並びに，実際に被災地支援を行った従業員の他，支援を受けた被災者へのインタビューを実施し分析する．本研究は中小企業のソーシャルインパクト行動の誘因とプロセスを丹念に分析することで，何が当該企業を動かし，その当該行動が組織的探索行動となり得ているかどうかを明らかにすることを目的とする．

2. 仮 説 創 設

2-1.「活用」と「探索」について

　従来「活用」と「探索」は組織学習の分野で研究されてきている．March, J. G (1991) によれば，「活用」が改善・手直し，代替案の比較・選出，標準化，スピードアップ，コスト削減，等の漸進的な学習が特徴であるのに対し，「探索」は多様性の追求，リスク負担，実験，アソビの維持，柔軟性の確保等の特徴を持つ活動であり，既存の知識，情報には囚われない急進的な組織学習に結実する可能性を秘める（鈴木修（2014））．Levinthal, D. A. and March, J. G (1993) によれば，「組織の存続と繁栄」の実現には両者の両立を必要とするが，組織は「探索」よりも「活用」を優先する傾向が強

いとし，また Mcgrath, R. G (2013) は平均志向の「活用」と分散志向の「探索」とは正反対の活動として特徴づけ，両者はトレードオフ関係にあるとしている．一方，Tushman, M. L.,p. C. Anderson, and C. O'Reilly. (1997) は，組織の方向性転換を時折行うことにより両者を同時追求できることを「組織の両義性」として示している．

2-2. ソーシャルインパクト情報におけるイノベーションプロセスへの誘因性

亀井，大橋 (2014)，Kamei, S. and M. Ohashi. (2014) では，企業が持続的成長を遂げる為には，新規事業創造を繰り返す継続的な成長メカニズムを企業に取り入れていく必要性があるとし，どのように企業内にそのメカニズムを取り入れていくのかについて，その仕組みを紐帯とアーキテクチャのダイナミクスで表している．資源制約のある中小企業に有りながら，新規事業を取り入れることで持続的成長を果たしている企業事例2社を用いて一般化している．事例とした中堅テントメーカーと障碍者を活用したワイナリーから，当初オープンで弱い紐帯関係にあった外部資源と結びつき，徐々にクローズドで強い紐帯関係となり，工程においても，それまでモジュラーとして確立していたものが，外部との結びつきの中で再構築されインテグラル構造となる姿が浮き彫りとなった．そして，クローズド・インテグラルなアーキテクチャを保有し強固となった紐帯関係は，次第に元のオープン・モジュラーなアーキテクチャとして弱い紐帯関係に回帰し，次の新規事業創造，イノベーションに向かっていくという循環的なプロセスを示すことを明らかにした．以上のイノベーション実現プロセスにおける紐帯とアーキテクチャの同期循環を以下図6-2では四段階プロセスで示している．

また Kamei, S., Ohashi, M. and Hori, M (2015) では，社会的課題を解決しようとする企業行動の情報をソーシャルインパクト情報と定義した上で，亀井，大橋 (2014)，Kamei, S. and M. Ohashi (2014) で明らかにした企業の新規事業創出プロセスにおける紐帯の動態的変化の端緒となる弱い紐帯形成

図6-2 紐帯とアーキテクチャの同期循環プロセス

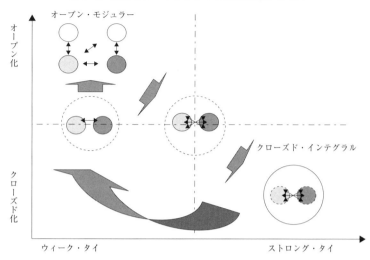

(出所)亀井,大橋 前掲書,pp.45-62.

の誘因として,企業における社会的課題解決行動の一つである障碍者雇用というソーシャルインパクト情報が有効であることを,障碍者雇用を行うベーカリーと外資系アイスクリーム企業とのコラボレーション事例を動的に観察することにより検証した.障碍者雇用を行うベーカリーである株式会社スワンは,高付加価値のパンを製造し,銀座,赤坂という舌の肥えた顧客に受け入れられていた.一方,アイスクリーム製造販売企業である Ben & Jerry's は,共存共栄の理念を掲げグローバル展開を進め,日本における店舗進出を計画していた.当該2社は,人づてに紹介され,お互いのビジネスの理念に共感し,日本進出店舗の商品となる Sundaes ブラウニーの開発を進捗させていく.結果として,障碍者雇用というソーシャルインパクト情報は,イノベーションプロセス生起の端緒となる弱い紐帯形成の誘因として有効であることを示唆している.以下図6-3において障碍者雇用というソーシャルインパクト情報を誘因として,オープン・モジュラーなアーキテクチャを形成する弱い紐帯から,徐々にクローズド・インテグラルなアーキテクチャを形

図6-3 弱い形成から徐々に強まる紐帯

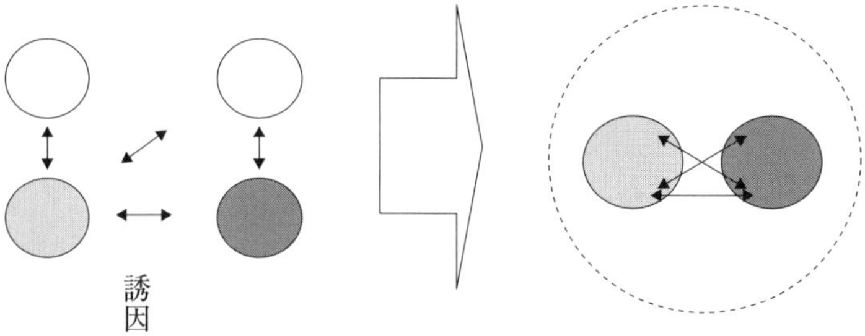

誘因

(出所) Kamei, S., Ohashi, M. and Hori, M., *op.cit.*, pp.2786-2793.

成しつつ強まる紐帯を示している．

2-3．組織分化行動誘因としてのソーシャルインパクト情報

Kamei, S., Ohashi, M. and Ichikawa, H.(2015) では，日本の文房具最大手企業が，障碍者雇用を目的に農業分野へ参入する事例を検証することにより，ソーシャルインパクト情報による誘因は，鈴木 (2014)，Levinthal, D. A.(1998) で述べられている「分化」をもたらす起点であり，その「探索」活動の方向性を示すことを明らかにした．同論文においてはソーシャルインパクト情報が，その契機の誘因と成り得るとの第一仮説と，分化により新しい事業を発掘した組織が，その組織の既存資源ノウハウを通じ活用を進展させていくことを第二仮説として設定し，組織の「分化」行動事例において検証している．既存の関連当事者において「活用」が支持される組織として，エドガー・H・シャイン (2012) が述べる活動の反復成功からもたらされる浸透によって獲得された前提認識としての組織文化を持つと思われる創業100年を超える日本の大企業コクヨグループを事例採用している．同社は，日本における文房具製造販売のトップ企業であるコクヨ株式会社を中核とする企業集団であり，当該事例は，既存業界で確立した地位を築いた大企業が，障碍者雇用推進を目的として行動する中で，同じく障碍者雇用を推進す

る組織と出会い，結果として農業分野という本業とは地理的隔絶された分野への進出を果たした事例である．方法として，農業子会社ハートランドの社長並びに関連当事者へのインタビューを実施し仮説検証を実施している．尚，当該「分化」が，「探索」と「活用」の両立に貢献しているかについても，農業事業成立プロセスを検証することで考察している．

　同論文は，障碍者雇用という社会的問題を解決しようとする行動が探索誘因と成り得ることを分化という概念から問い直し，その探索により獲得した新しい知見を，既存資源ノウハウの活用により浸透させていくプロセスを明らかにすべく，事例データを考察，検証した上で，探索と活用の両立を通じ，企業組織における持続的成長のあり方を考察している．分化により新しい事業を発掘した組織が，その組織の既存資源ノウハウを通じ「活用」を進展させていくことを以下図6-4にて提示している．

図6-4　持続的成長組織における「探索」と「活用」

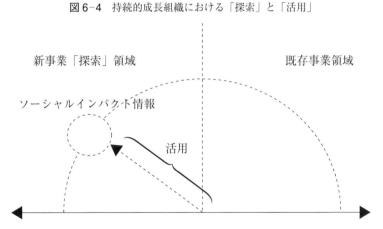

（出所）Kamei, S., Ohashi, M. and Ichikawa, H., *op.cit.*, pp.1-8.

2-4. 利他性の発現

認知心理学者マイケル・トマセロ（Michael Tomasello）らは，特定の社会的価値観を身につける前の発達段階にある生後18ヵ月の幼児行動の観察結果から，利他性の生得的具備可能性を示唆している（Tomasello, M. (2009), *Why We Cooperate*. Boston, Massachusetts：MIT Press.）．

利他性の発現に関し，社会学者の宮台真司は，宮台真司（2009）において，感染的模倣と表現するミメーシス概念を提示する．大澤真幸は大澤真幸（2010）において，ミメーシスを「真に利他的に振る舞う人に接して，あの人のようになりたいと感じ，「感染する」ように影響されてしまうこと」とまとめている．また，大澤 前掲書において，新約聖書ルカの福音書「善きサマリア人の喩え」を例に，ミメーシスの「感染」は，カリスマ性をもつ者によってのみ惹き起こされるのではなく，惨めな立場の人からも惹起されるのではないかとの問題提起がなされる．大澤の立論は，社会を変えるためには，マックスウエーバーの提唱したカリスマの出現を待つとか，それに感化されて動くというのではなく，共同体から排除されたサマリア人が，行き倒れた人の「現前」を「感染源」として，利他的行為へと駆り立てられていく点に，資本主義を超越する可能性を見出している．宮台も同様に，「行き倒れた人」が「現前的なフックとして非日常的な時空」を開くことに，システムを超越する可能性を認めている．

2-5. 仮説構築

Kamei, S., Ohashi, M. and Hori, M. (2015) では，社会課題を解決する企業行動をソーシャルインパクト行動と定義した上で，「探索」誘因として挙げ，Kamei, S., Ohashi, M. and Ichikawa, H. (2015) では，亀井，大橋（2014）において示した「探索」から「活用」への循環サイクルを，組織分化により新しい事業を発掘した組織が，その組織の既存資源ノウハウを通じ「活用」を進展させていく態様を提示している．しかしながら，これまでの筆者らの研究では，ソーシャルインパクト行動を惹起する態様については未だ明らか

にできていない．

　また，社会学からの利他性考察では，その生得的具備可能性が示唆され，偶有的な弱者の現前性を契機としての発現メカニズムを提示している．資源制約的な中小企業がソーシャルインパクト行動を取る契機として，現前の社会的課題をフックとした利他性発現があるのではないか．本稿では以下2つの仮説を提示する．

仮説1：中小企業のソーシャルインパクト行動に，現前の社会課題を契機とした利他性発現が起因している

仮説2：そのソーシャルインパクト行動は，組織的探索行動と言える

3．事 例 分 析

3-1．熊本大震災の概要

　熊本大地震とは，熊本県益城町で2016年4月14日の夜と16日未明の2度にわたり震度7を観測した地震を指す．14日の夜にマグニチュード6.5の地震が起き，その後，中小の地震が多発したことから，本震−余震型の地震活動と見られていた処，16日未明にマグニチュード7.3の地震が発生した．また，その後も震度5以上の余震が熊本県阿蘇地方，八代，大分県中部で発生し，日本でこれまで発生した地震の中で最大の余震数を記録した．この2度にわたる大地震と余震による被害状況は，5月16日消防庁発表によると，熊本県だけで死亡者49名，重軽傷者合わせて1,606名，住宅被害は全壊が2,847棟，半壊が5,324棟，一部破損32,408棟としている．2016年7月28日付熊本日日新聞によると，熊本県益城町では，町内の住宅計10,312棟のうち9割以上の10,155棟が被害を受け，損壊を免れたのは157棟に止まる結果となっている．このような状況下，被災者は限られた避難所や車中泊を余儀なくされていた．

写真 6-1　テントハウスに入居決定した避難家族

（出所）2016 年 5 月 14 日付読売新聞朝刊 12 版 33 面（熊本）

3-2．支援会社の概要

　静岡市に本社を置くテント製造販売会社の株式会社もちひこは，被災者にテントハウスを提供した．広さ 36 ㎡のテントハウス 10 棟を阿蘇市と益城町に設置した．株式会社もちひこは，静岡市清水区由比町屋原 340 に本社所在を置く，創業 1987 年，資本金 2200 万円，従業員数約 45 名，工場数 2 か所（静岡），事業所数 3 か所（静岡，東京，名古屋），売上 15 億円内外の産業用テントメーカーである．主要顧客は，商材保管倉庫としてテント活用する製造業中心であるが，昨今，飲食施設などの商業用にも業容を拡大しつつある．

3-3．支援の概要

　今般支援の取りまとめ役である東京都千代田区平河町 2-13-3 所在の株式会社読売情報開発主導で，被災テント 10 棟建設のプランが練られた．もちひこでテント 1 棟を寄付，その他の 9 棟については，読売新聞社 4 棟，協力会社 5 社に各 1 棟ずつの資金提供を依頼している．支援は，もちひこがテントハウスを，マットレス等の内装品を家具製造販売大手のニトリホールディングス（北海道札幌市），資材輸送を埼玉県所沢市に本社を置く日恵物流が担当した．避難用テントを阿蘇へ 6 棟，益城へ 4 棟建設している．阿蘇市黒川では阿蘇西小学校へ 1 棟の他，公民館跡地等へ，益城町では広安西小学校へ

2棟，広安小学校へ2棟設置した．各テントハウスには，自宅が倒壊し，それまでビニールハウス等に避難していた高齢者を含む家族が入居した．

4. 関係者インタビュー

以下は，今般プロジェクト関係者へのインタビューである．4-1，4-2，4-4に質問についての回答を記述した株式会社もちひこ代表取締役の望月伸保と取締役の望月久功，設計部長の柚木勝昭へのインタビューは，静岡市清水区蒲原4933-11所在の同社静岡第二工場会議室にて2016/8/7, 9：30～14：30, 本社会議室にて2017/5/2, 9：00～11：30に著者と対面にて実施．4-3に質問についての回答を記述した被災者女性Aへのインタビューは，同社取締役望月久功が，被災テント設置現場である熊本県上益城郡益城町所在の広安西小学校にて，2016/8/24, 10：00～11：00に実施している．

4-1．株式会社もちひこ代表取締役 望月伸保

質問1：熊本への支援を行うことになった契機は何か？

　熊本地震が起きてから何か支援できることがないか考えていた．震災発生から5日後の4/20に，面識の有った読売情報開発 代表取締役社長の西山広文氏から，読売グループとタッグを組んで支援しないかという話がきた．西山氏は，被災地においてエコノミー症候群による被害が出ていることをテレビで目にし，何かできないか考えていた処，テントの避難所というアイデアが浮かんだということであった．翌日の4/21には西山社長と打合せを実施し，4/22-24に当社内での検討を開始し提案図面を作成した．4/26には，取締役の望月と現場監督の水谷方紀が熊本へ行き，現地状況を確認，工事打合せを実施し，4/28に施工開始した．

質問2：支援を行うことで，会社業務への支障はなかったのか？　支障があったとすればどのように整理したのか？

第 6 章　中小企業のソーシャルインパクト行動における利他性誘因と組織的探索行動　129

　通常の建設予定物件も予定通り進めなければならず，工場の社員を交代制にして対応をした．設計，営業，現場管理についても，まずは熊本を最優先して予定を組み，他の物件にどのように対応していくか検討した．結果的にすべて問題なく，こなす事が出来た．

質問3：具体的な支援内容はどのようなものであり，いつからいつまでなされたか？

　避難用テント施工1回目4/28～4/30に阿蘇へ5棟，施工2回目5/13～5/15に益城へ4棟，阿蘇へ1棟を建設，解体1回目8/2～8/4，解体2回目8/23～8/24.

質問4：今般支援が，事業として思わぬ発見に繋がったか？　それはどのようなものであったか？

　テントは，改善を要する点が多々有りながらも，人が住む機能を有する可能性があるという事を感じた．しかしながら，家族が暮らす環境としては，特に小さな子供がいる家族にとっては，機能を備えるだけでは十分ではない．デザイン性や空間の工夫がなされたら更に快適な避難所になったような気がしている．これを企画化したら野外での宿泊を楽しむグランピング[1]用のテントになるという感触を得た．実はすでに若手建築家とグランピングテントの開発プロジェクトをスタートさせている．第一号の成果として，

写真6-2　益城町広安西小学校敷地内に設置したテント

（出所）株式会社もちひこ撮影資料

写真6-3 ラグジュアリーキャンププロジェクトにて設置したテント

(出所) JTBゴールド会員誌トラベル&ライフ6-7月号

JTBが実施するラグジュアリーキャンププロジェクトの一環として，熊本県阿蘇郡南阿蘇村久石4411-9所在のホテルグリーンピア南阿蘇に，グランピングテントを納品した．JTB国内旅行企画では，このテントを活用した宿泊プランを2017年7-9月の期間で全国販売する予定である．

4-2. 株式会社もちひこ取締役 望月久功

質問1：なぜ支援を行うことにしたのか？

　東海地震をはじめ，南海トラフの大地震が予想されている中で，熊本地震は他人事ではなく，多くの方が被害に遭われていることを知り，いち早く，少しでも手助けとなれたらと願い支援を行った．

質問2：支援を行うに際し障害は無かったか？

　交通面では，途中，通行不能の箇所があり迂回したため，通常より大幅に時間がかかった．現地のテントハウスメーカーの協力のもと，作業員を派遣してもらった．また，地震の影響でクレーンが用意できなかったため，ユニック車を探してもらい使用した．

質問3：今般支援が，事業として思わぬ発見に繋がったか？　それはどのよ

写真6-4 パレットの上にクッション性の床材を敷く様子

写真6-5 完成したテントハウス内部の様子

(出所) 株式会社もちひこ撮影資料

(出所) 株式会社もちひこ撮影資料

うなものであったか？

　普段は，倉庫やイベント等のテントハウスとして販売しており，今般，法的には特例ではあるが，応急仮設建築物として使用できたというのはテントハウスの可能性が広がったと思う．

質問4：今回の被災テント工程は通常のプロセスで対応可能であったか？

　事前に，応急仮設建築物として，読売新聞社関係の方，地元の方が行政と話してくれていたお陰で，法的部分のクリアーができ，その後の組み立て自体は通常通りにできた．宿泊用テントは，床もプラスチックパレットにクッション性の床材を使用し，ニトリさんの協力にて家具も入り，その他，エアコンも入ったため住みやすく仕上がったと思う．今後の課題として，入り口に庇をつけて，雨が吹き込まないようにすると良いと感じた．

質問5：どんな人たちが入居したのか？

　熊本県益城町福富所在の広安西小学校に，5月13日に36 ㎡のテントハウス2棟を設置したが，当該テントには，同校の井手文雄校長の呼びかけで，学校近くにブルーシートを張り避難生活を余儀なくされていた4人家族2組が入居した．

4-3. 被災者A

　熊本県益城町福富所在の広安西小学校に設置されたテントハウスに入居し

た夫婦，中学1年生と2歳の子供という1組の家族代表として女性被災者Aに対し，インタビューを実施した．

質問1：テント室内環境についてはどうであったか

それまで小さなテントや車中泊で凌いでいたので，自分たちの空間が出来て本当に助かった．また，鉄骨が頑丈で，構造が見える点も落ちてくるものがないという安心感に繋がった．一方で，床面の凹凸が大きかったので，小さい子供には危険だと感じた．また，風通しのために網戸のある窓が有ると良かったと思う．直射日光があたり，エアコンも効かなかった．

質問2：その他困ったことは無かったか

雨天時に若干浸水があった．また下からナメクジ，ミミズ，ムカデが上がってきた．立地の前処理や簡易な基礎をした方が良いのではないか．また，腰の高さの仕切りがあればよかった．空間を仕切ることにより，荷物の置き場所にできるし，子供に危ない場所などを教えることもできる．

質問3：他に気づいた点は

体育館などの避難所の中に設置できれば，誰でも利用出来る仮眠室として使えると思う．

4-4. 株式会社もちひこ設計・施工管理部部長 柚木勝昭（一級建築士）

質問1：支援を行うに際し，準備状況は如何であったか

時間が無く，役割分担，棟数と納期，施工日程，場所，施工メンバー，トラックと重機の手配，テント仕様（内張と張り綱の有無，シート色，開口部位置と個数，シート裾長さ），取扱説明，建築基準法についての解釈等調査資料作成などにつき，問題点を抽出し，それを解決することに専念した．先ずは，現地との打合せ及び施工場所の確認等のための先遣隊が必要ではないかとの事で，取締役の望月と営業が現地に乗り込み，対応した．写真6-6は，その時の社内打合せ状況を示している．

質問2：今般支援が，事業として思わぬ発見に繋がったか？　それはどのよ

第 6 章　中小企業のソーシャルインパクト行動における利他性誘因と組織的探索行動　133

うなものであったか？

　数年前よりグランピングという通常のキャンプより快適性，高級感を味わえるアウトドアの情報があった．今回の避難者が数ヶ月テントへ居住した経験から，宿泊用グランピングテント進出へのヒントを得られた．具体的には空間の分割，床面の安定，風通しの窓，日常を豊かにする為のデザイン性などを取り入れた．結果として，当社として，デザイン性を伴った拡張性あるモジュール製品への初めての進出となった．

質問 3：宿泊用グランピングテント開発プロセスはどのようなものであったか

　小堀哲夫建築設計事務所と開発プロジェクトを 2016 年 8 月 29 日にスタートさせた．当初はコンセプト創出から始め，以降 8 回実施し，試作品につい

写真 6-6　社内打合せ状況を示したホワイトボード

（出所）株式会社もちひこ撮影資料

写真 6-7　グランピングイメージ　　**写真 6-8　実物大プロトタイプ**

（出所）株式会社もちひこ撮影資料　　（出所）株式会社もちひこ撮影資料

て実物大検証を終えている．

　検討プロセスとして，先ず国内外のグランピングテントを検証した．国内のテントは円形のものが多く，中にベッドとテーブルを置くといったものがスタンダードである．拡張性のあるものは見当たらず，当社としては，以下の4点を重視した．

① 新しいデザイン

② ある単位で機能する（10畳から20畳単位で成立する）

③ 拡張性（単位で拡張することによりフレキシビリティや多様性を創出）

④ HP Hyperbolic Paraboloid：双曲放物線面シェル（構造的合理性）

　モジュール化を前提とした拡張性あるテント設計を目指すこととした．基本的な考え方は以下図6-5のとおり，部材をモジュール化させる為に，構成要素となる高さと奥行きの2次変数の片方を固定し，且つ片方をモジュール化させる．今回は施工性と空間の抑揚性を考慮し，高さをモジュール化し奥行きを固定するものとした．

図6-5　拡張性あるテント設計の考え方

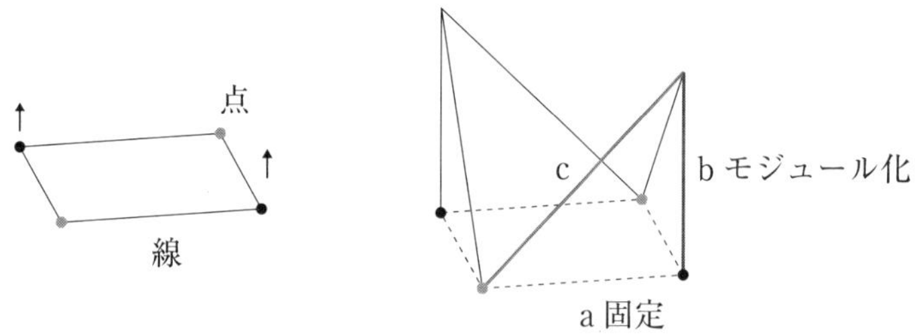

（出所）株式会社もちひこ提供資料

5. 考　察

　本稿は，資源制約のある中小企業が，偶有的に社会的課題に直面し，その解決に真摯に取り組むことが，結果として持続的成長を図るために必須であ

る新規事業の「探索」を行っていることを示した事例である．

　事例で取り上げたもちひこは，産業用テントを中心にその業容を拡大してきた企業である．その企業が，熊本大地震の被災者が，住む場所なく病に倒れる姿を見て，自らのテントを被災者用仮設住居テントとして供給する．これは，助けが必要な人を前に利他性が偶有的に発現した状況と言える．そして，避難者に住居としてのテントを供給するソーシャルインパクト行動は，どうすれば被災者が快適にテント生活を過ごせるかを考えることを通じて，代表取締役の望月に，テントは工夫すれば人が暮らせる機能を要する可能性があることに気づかせる．そして，「デザイン性や空間の工夫がなされたらさらに快適な避難所になったような気がした」との気づきを通じ，グランピング用のテントという発想に辿り着かせる．もちひこは組織として，避難者が暮らした経験からの声より，空間の分割，床面の安定性などの知見を活用し，同社初となるデザイン性を考慮した拡張可能なモジュール設計を完成させていく．ここにおいて，被災者支援という社会的問題を解決しようという企業行動，つまりソーシャルインパクト行動が，グランピングテント分野への進出のコンテクストとなったと言える．つまり，もちひこにおける異分野新規事業の種は，被災者支援という偶有的な利他性発揮に基づくソーシャルインパクト行動により方向性が示された「探索」により獲得されたことが分かる．

お わ り に

　事例による実証分析から，仮説1の「中小企業のソーシャルインパクト行動に，現前の社会課題を契機とした利他性発現が起因している」並びに仮説2「そのソーシャルインパクト行動は，組織的探索行動と言える」ともに立証された．本事例による検証は，資源制約的な中小企業において，現前の逼迫した社会課題への偶有的利他性発現が，熊本の被災者に住居を提供すると

いうソーシャルインパクト行動に繋がり，結果として新規事業の種を獲得したことを示している．本研究の主たる成果としては，第一に，営利企業におけるソーシャルインパクト行動が「探索」誘因となるとの仮説をよりロバストにしたこと，第二として，ソーシャルインパクト行動の誘因として，社会課題に直面した偶有的な利他性発揮が実質的モメントと成り得ることを提示したことである．これら成果の発表，普及は，これまで社会的課題解決に消極的であった企業群，特に資源制約的な中小企業群にも自然体でのソーシャルインパクト行動を促し得る効果がある．

1) 自然に囲まれたロケーションの中に，贅沢で快適な宿泊設備を用意して野営すること．一般的には，キャンプといえば，アウトドアで宿営するための最小限の用意のみで行われる．食事も寝床も簡素なもので，風呂やトイレや娯楽はない．これに対してグランピングと呼ばれるタイプのキャンプでは，風呂・トイレ・空調設備，ゆったり座れるソファ，ベッドなどを揃え，ものによってはテレビや冷蔵庫なども備えられた，豪華な設備がしつらえられる．自然の中で過ごすキャンプの醍醐味と，ホテル並の快適な過ごし方を両立させるスタイルといえる．2010年代半ば現在，グランピングは世界各地で富裕層を中心に広まりつつある．
出所：weblio 新語時事用語辞典．
http://www.weblio.jp/content/ グランピング，2017/2/13 アクセス．

参 考 文 献

Geus, A.D.(2002), *The living company: habits for survival in a turbulent business environment*. Boston, Massachusetts: Harvard Business Review Press.
清水剛（2004）「企業の安定性と企業システム」(『組織科学』, Vol.38, No.1) pp.44-55.
関本昌秀（1982）『組織と人間行動』東京：泉文堂．
Mcgrath, G.R.(2013), "Transient Advantage", *Diamond Harvard Business Review*. November, pp.32-44.
March, J.G.(1991), "Exploration and Exploitation in Organizational Learning", *Organization Science*. 2(1), pp.71-87.
Levinthal, D.A. and March, J.G.(1993), "The myopia of learning", *Strategic Management Journal*. 14, pp.95-112.
Kamei, S., Ohashi, M. and Hori, M.(2015), "Social Impact Information as the Cause for the Formation of Ties in Enterprises", *Proceedings of 48th Hawaii International Conference on System Science*. IEEE, pp.2786-2793.
亀井省吾，大橋正和（2014）「中小企業における紐帯活用とアーキテクチャ・ダイナ

ミクス―中堅テントメーカーに見る新規事業創出事例からの考察」(『情報社会学会誌』第 8 巻第 2 号) pp.45-62.

鈴木修 (2014)「「活用」と「探索」のトレードオフ関係の解消条件に関する考察：製薬産業を題材にした実証分析」(『日本経営学会誌』第 33 巻) pp.73-87.

Tushman, M.L., p. C. Anderson, and C.O'Reilly.(1997), "Technology Cycles, Innovation Streams, and ambidextrous Organizations: Organization Renewal through Innovation Streams and Strategic Change." In Tushman, M.L. and Anderson, p.C.(Eds.), *Managing Strategic Innovation and Change*. Vol.3, No.23, New York, NY: Oxford University Press.

Kamei, S., Ohashi, M. and Ichikawa, H.(2015), "Social Impact Information as an Activity Impetus of the Organizational Speciation", *Proceedings 19th Triennial Congress of the International Ergonomics association*. The International Ergonomics association, pp.1-8.

Kamei, S. and M. Ohashi.(2014), "Use of connections and architecture dynamics in enterprises employing disabled individuals", *Procedia Technology*. Vol.16, pp.59-68.

Levinthal, D.A.(1998), "The slow pace of rapid technological change: Gradualism and punctuation in technological change." *Industrial and Corporate Change*. Vol.7, No.2, pp.217-248.

エドガー・H・シャイン（著），梅津裕良・横山哲夫（訳）(2012)『組織文化とリーダーシップ』東京：白桃書房.

亀井省吾 (2016)『障碍者雇用と企業の持続的成長に関する研究―事業における「活用」と「探索」の考察』東京：学文社.

亀井省吾，大橋正和 (2016)「組織における分化促進要因としてのソーシャル情報ハブ行動の考察―NTT ドコモ復興プロジェクトの考察を通じて」(『情報文化学会誌』第 23 巻第 2 号) pp.19-26.

Tomasello, M.(2009), *Why We Cooperate*. Boston, Massachusetts: MIT Press.

Warneken, F. and M. Tomasello(2006), "Altruistic helping in human and young chimpanzees", *Science*. Vol.311, pp. 1301-1303.

宮台真司 (2009)『日本の難点』東京：幻冬舎新書.

大澤真幸 (2010)「二つのミメーシス 宮台真司の論を手がかりにして」大澤真幸・宮台真司『大澤真幸 THINKING「O」第 8 号―「正義」について論じます』東京：左右社.

大澤真幸 (2008)『不可能性の時代』東京：岩波書店.

亀井省吾 (2017)「企業のソーシャルインパクト行動の研究―熊本大震災における仮設テント支援事例を通じて」(『日本 NPO 学会第 19 回年次大会報告概要集』) p.56.

第 7 章

地方分権とデジタル革命の動向

倉 田 紀 子

は じ め に

　地方分権が進展し，地方自治体が地方政府として，中央政府である国と対等な関係になってから，20年が経とうとしている．この間，地方政府，とりわけ基礎自治体には，多くの権限と事務が移譲された．移譲された権限や事務を，国が行ってきた手法と同様に実施していては，財政上立ちいかない．そこで，市民や市民団体，NPO法人や企業との連携や協働が求められることとなった．市民や市民団体等が公共サービスの担い手として活動するに当たっては，地域における需要を把握する等，地域に関する情報が必要となる．地方分権により，地域のことは地域が決められる社会をつくろうとする「地域主権」の発想は，ひいては，市民への公共サービスは市民が決める「市民主権」へとつながる．地域主権ないし市民主権を実現するためには，中央政府から地方政府へ，とりわけ基礎自治体と市民へ，判断材料となる情報が提供されることが肝要である．このような地方分権・地域分権といったソーシャルデザインの変化に，デジタル革命は，いかに寄与していくのか．本章では，この点について考察する．

1. 地方分権と市民の役割

1-1. 平成における地方分権改革

平成における地方分権改革では，1993年6月の衆参両院における「地方分権の推進に関する決議」以降，国から都道府県へ，さらに，都道府県から市町村へ，権限移譲や地方に対する規制緩和（義務付け・枠付けの見直し）が実施されてきた．これまでの地方分権は，大きく2段階に分かれている[1]．

1段階目は，1993年から1999年までの第1次分権改革である．ここでは，機関委任事務制度の廃止，国の関与の法定化等に関して，475本の法律が一括して改正され[2]，国と地方との関係は，上下関係から，対等かつ協力関係となった[3]．国は中央政府，地方自治体は地方政府として，対等になったのである．

その後，2002年からは，骨太の方針（閣議決定）による税源移譲等の三位一体改革を経て，2段階目となる2006年以降の第2次分権改革へと続いた．第2次分権改革では，国から地方に対する具体的な権限移譲，規制緩和がなされた．2014年6月に示された地方分権改革有識者会議の資料によれば，国から地方自治体への事務・権限移譲は66事項，都道府県から市町村への事務・権限移譲は113事項にも及ぶ．規制緩和等の義務付けの見直しは，975事項である[2]．現在，第7次地方分権一括法が2017年4月19日に成立したのが，最新の法改正である（2017年5月現在）．

1-2. 中央政府による地方分権の進め方と住民への期待

地方分権改革は，首相の諮問機関である地方分権推進委員会（1995～2001年．第1次地方分権改革時）ないし地方分権改革推進委員会（2007年～2010年．第2次地方分権改革時）の勧告を受けて，各勧告への対処方針が閣議決定され，これを基に地方分権推進計画が閣議決定され，法改正へとつなげる工程で進められてきた．1次と2次とが分別されるのは，地方分権推進委員会勧告へ

の対応を完了した時点で区切りをつけ，次の段階に入ったことが，2次とされている[1]．

第1次地方分権改革では，1995年7月に成立した地方分権推進法に基づく地方分権推進委員が，第5次まで勧告を発し，各々の勧告について対処方針を示した閣議決定が示され，第1次勧告から第4次勧告までの対処方針を基に1998年5月に地方分権推進計画が閣議決定され，1998年11月に第5次勧告の対処方針を基に，1999年3月に第2次地方分権推進計画が閣議決定された．これらの閣議決定を基に法案が提出され，1999年7月に「地方分権の推進を図るための関係法律の整備等に関する法律」（地方分権一括法）が成立した．

第2次地方分権改革では，2006年12月に成立した地方分権改革推進法に基づく地方分権改革推進委員会が，2008年5月の第1次勧告から2009年11月の第4次勧告までを発し，これを受けて2009年12月に地方分権改革推進計画が閣議決定され，2011年4月に「地域の自主性及び自立性を高めるための改革の推進を図るための関係法律の整備に関する法律」（平成23年法律第37号）（第1次一括法），2011年8月に第2次一括法，2013年6月に第3次一括法，2014年5月に第4次一括法，2015年6月に第5次一括法，2016年5月に第6次一括法，2017年4月に第7次地方分権一括法が成立した．

この間に，地方分権改革の推進に関する施策についての調査及び審議に資するため，2013年4月，内閣府特命担当大臣（地方分権改革）により，地方分権改革有識者会議の開催が決定された．

地方分権改革有識者会議では，1993年以降の地方分権を総括し，今後の地方分権改革の方向性を示すため，2014年6月に「個性を活かし自立した地方をつくる～地方分権改革の総括と展望～」[3]を取りまとめた．図7-1に示したのは，その概要である．同報告書では，「個性を活かし自立した地方をつくる」ことが地方分権改革の使命として掲げられた．これを促進するため，国では，地方自治体から，地方自治体に対する権限移譲・規制緩和に関する提案を募る「提案募集方式」の導入を挙げた．権限移譲については，

全国一律に行うことを基本としつつも，例外的に希望する地方自治体のみに選択的に移譲する「手挙げ方式」を導入することとした．

有識者会議による同報告書では，「住民にあっては，行政サービスの受け手にとどまることなく，地方分権改革の実を挙げていく上で能動的な行動をとることを期待したい」との記述がなされ，住民に対して，まちづくりへの積極的な協働を求めた．

さらに，同報告書では，「改革の成果を継続的・効果的に情報発信」することにより，「住民の理解と参加」を促進する旨が示された（図7-1）．このことは，自治の担い手として住民が積極的に活動することを狙いとして，地域における成果の事例を情報発信し，地方分権のイメージアップを図り，協働の意欲を盛り上げようとするものである．

図7-1 地方分権改革有識者会議による「個性を活かし自立した地方をつくる～地方分権改革の総括と展望～」の概要[3]

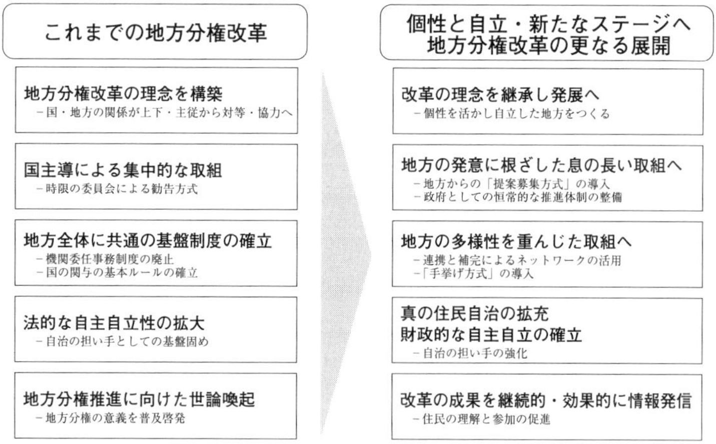

このように，公共サービスの担い手として，行政機関以外の市民やNPO法人，企業にもその役割を分担しようとする考えは，「新しい公共」論と呼ばれる[4),5),6)]．第27次地方制度調査会が2003年に示した「今後の地方自

治制度のあり方に関する答申」では,「地域における住民サービスを担うのは行政のみではないということが重要な視点」であり,住民や,コミュニティ組織,NPOその他の民間セクターとも協働し,「相互に連携して新しい公共空間を形成していくことを目指すべき」との見解が示された.

このような歩みを受け,鳩山政権時の2010年6月に,「新しい公共」に関する宣言文が発表された.これは,「支え合いと活気がある社会」の形成に向けて,国民,企業,政府のすべてが公共の担い手として,それぞれの役割を果たすことにより,公共サービスを行おうとすることを示唆したものである.公共サービスは行政により提供されるものという従来の国民と政府の関係を大胆に見直そうという発想である.企業については,CSR(企業の社会的責任)活動が促進されることが,また,NPO法人については,その活動が促進されるよう税制の見直し等が提案された.この時点から既に,行政機関以外がまちづくりに能動的にかかわることについて,布石が打たれていたのである.

1-3. 基礎自治体から見た地方分権と住民への期待

地方分権の受け手である,基礎自治体,すなわち市町村側から地方分権を観察すると,必ずしも喜ばしい側面ばかりではなかった.国は都道府県へ,都道府県は市町村へと,権限・事務を移譲し,市町村は一気に権限・事務が増大したからである.権限を移譲された場合,市町村は,自らの自治体の現状に応じて判断することになる.権限を行使するには,行使に至る前の会議等に関する事務から,行使後の情報公開等に関する事務までを,すべて担うことになる.つまり,権限の増大は,事務の増大にほかならない.市町村の人事採用計画は,国からの権限・事務の移譲を前提にせず,策定されている.どの事務がどの程度,いつ移譲されるのかは,市町村側では把握できないからである.市町村の人事採用計画の多くは,5年〜10年の計画期間で策定されるが,その際は,財政の予測である財政計画の中でバランスするよう調整される.市町村は,長いスパンの計画に基づいて,財政や人事採用の

運営方針を決めている．

　したがって，計画時に予測不可能に国から新しい事務が移譲されても，市町村の組織がそれにタイムリーに対応するのは，難しい．新しい部署を設置したとしても，職員の全数としては増員できないことが多い．その場合，従来設置されている部署から，人員を移すのみで，人員を削減された部署では残業で対応することとなる．

　いつどのような事務が国から移譲されるのか予見できない状況で，大量の事務が回ってきたのであるから，人事採用計画を見直せばよい，と考えるかもしれない．しかし，現実的には，多くの市町村は苦しい財政状況下で，事務を執行している．事務が増えても，人員を増員するのは，ままならない状況にある．2008 年には，新富町の職員が過労死する事案もあった．さいたま市，新潟市，名古屋市や災害被災地域等，一部の市町村の職員は，東京都の職員より，平均的な残業時間が長いことで知られている．

　市町村が従来どおりに事務を執行することが，財政的にも人員的にも難しい中，公共サービスの担い手として，NPO 法人やソーシャル・ビジネスにかかわる団体・個人が注目される．ビジネスとして成り立たない公共サービスには，住民のかかわりが期待される．

1-4. 地方の自立とサービスがないという個性

　地方分権による事務や権限の移譲だけではない．国は，地方の行政を効率的に行わせるため，市町村の合併を推奨し，市町村数を大幅に減らすことを目指した．合併後 10 年間の特例の税制措置を約束し，国の補助金が削られる中で，合併すれば特例措置により国からの財政支援を受けられるという飴と鞭により，多くの市町村が合併した．もっとも合併が進んだ 2004 年には 705 の市町村が合併により消滅した．市町村は，より広域的な視点での事務執行が必要となったのである．

　国の掲げる「地域の自主性・自立性を高めよ」とのスローガンには，トリックがある．国が地方，とりわけ市町村に回す事務は，基礎自治体が行う

方が適切な執行が期待できる事務ということになっている．基礎自治体であれば，現場を確認して，過不足を判断し，決定できるであろうとされる．これを進めていくと，極論を言えば，都道府県は不要となり，国の事務は国防と外交のみとなる．なぜなら，すべての国民は，いずれかの基礎自治体に居住する住民であり，地域の実情を把握しているのは国や都道府県ではなく，基礎自治体のみだからである．

「個性を活かし，自立した地方をつくる」というスローガンにも，トリックがある．国では，三位一体の改革により，地方に税源を移譲したというが，その税源で十分に支出できるのであれば，そもそも国がその権限や事務を手放す必要はない．国の収支がバランスしない事務を切り離し，地方に回すのである．「個性を活かし，自立した地方をつくる」というスローガンは，国で対応しきれない事務を地方に回し，地方で対応しきれない場合にはサービスを削減せよ，サービスの有無やレベルが異なるのも地方ごとの個性であるから受け入れよ，という意味を内包している．

高度経済成長が終わっても，できるだけ高い生活水準を維持したいのは，皆が望むところである．高い生活水準に呼応して，多様に増大した公共サービスをいかに維持するか．国は地方に回すことで，都道府県は市町村に回すことで，自らの執行を免れる．

そのような厳しい状況にある事務を，市町村は，どのようにして行えばよいのか．国と同じ手法では，その事務を実施しきれないという答えは，初めから見えている．

そこで登場するのが，市民（住民）との協働である．市民は，生活者でもある．生活水準を維持したい生活者自身とともに，公共サービスの担い手と内容を検討することが必要となる．公共サービスを市町村が行うべきなのか，それとも市民・市民団体等が担うことが可能なのか，サービス内容を変更するか，削るか．これらにどのような答えを出すのか，生活者自身が決定することにより，妥当な結論を得られる可能性が高まる．

2. 地方分権とデジタル革命

　紙媒体のデジタル化を超えて，多様な媒体の情報をデジタル情報として最適化しようとするデジタル革命は，地方分権にどのように影響するのだろうか．

　国の代表的な施策に，少子化対策としての子ども・子育て支援がある．国では，子ども・子育て関連3法（2012年8月成立）の成立に伴い，「子ども・子育て会議」を設置した．この会議は，有識者，地方公共団体，事業主代表・労働者代表，子育て当事者，子育て支援当事者等が委員となり，子育て支援の政策プロセス等に参画するものである．この会議の記録は，動画でウェブに公開されている[7]．情報公開室に出向き紙媒体で公開されてきた会議録ないし議事録を，ウェブにPDFにより公開したのがデジタル化だとすると，ウェブに動画で会議の様子を放映することは，デジタル革命の域にあると評価してよいだろう．

　市町村職員は，現場で住民に公共サービスを提供する立場であるにもかかわらず，国の会議には，委員に任命されない限り何ら関与することができない．しかし，動画配信を閲覧することにより，国から権限・事務移譲をされる市町村は，ある程度の予測を立てながら事務の準備をすることが可能となる．会議録・議事録は，すべての発言を余すところなく記載する様式（全文記録）が，少なくなっている．会議録の多くは，発言ごとの要点記録であり，議事録の多くは，決定事項の要点と反対意見が付されるのみ等，発言の多くは割愛されて作成されるため，詳細を知る手段がなかった．

　市町村では，移譲された事務を執行する上で，疑義が生じた事項があっても，直接，国に問い合わせすることを許されないことが多い．事務移譲に関する文書が届く際，国から都道府県へ，都道府県から市町村へと，文書が送付される．今日では，公印を押印した文書がPDFで添付され，メールにて届くことも多い．その文書は，発行元が国の部署になっているが，そこには

市町村が問い合わせすることがないように,「問い合わせ不可」との注意書きが付される. 市町村が問い合わせしたいときには, 都道府県ごとに質問事項をとりまとめ, 国に送るようにと指示される. 問い合わせに対する回答も, 国から都道府県へ, 都道府県から市町村へ, メール等で送付される. 市町村が問い合わせしてから, 回答が届くまでには, 半年ほどかかる. 筆者は, 15年4か月基礎自治体に勤務していたが, 実際,「子ども・子育て支援新制度」[8]の導入時に市域内の幼稚園・認可保育所・認証保育所等から出された質問を, 東京都を介して国に問い合わせをしたところ, 国からの回答が6か月～10か月後に届き(回答がなかった項目もある.), 大いに悩まされた. 基礎自治体の職員以上に, 幼稚園・保育所は, 大変な被害を被った. それは, 質問に対する回答もないままに, 認定こども園に移行するのかどうかの判断をし, 国に期限内の回答を迫られていたからである.

このように, 事務を移譲されるといっても, 地方自治体が完全なる自由裁量で行うのではなく, 国がそれらの事務について方針を示し, その方針の中で裁量となる部分について, 地方自治体が判断していくことになる. フリーハンドで事務をできるわけではなく, 何百ページにもわたる方針という名の文書が届き, それを読みこなしながら, 事務を行うのである. そのように大量の資料となるので, 国が作成したといっても当然に間違いもあり, 発見され次第, 改定版が届くことになる. 国が配布する資料や試算ソフトが, 誤っていることもある. このような誤りを見つけるのは, 現場に精通した市町村の職員であることが多い. その資料やソフトを使用して, 住民に説明する立場にあるため, 配布された日から必死に確認するからである. 国から配布された資料や試算ソフトに誤りを発見しても, 直接国に連絡できず, 都道府県に連絡することとなる. 現場における事務移譲・権限移譲は, 決して円滑に行われることがない. 介護保険制度も, 子育て支援制度も, 国自身の準備が整わないまま, 基礎自治体へ導入を強制され, 関連する権限・事務を移譲してきた. 新制度といっても既存の制度の掛け合わせが多く, そのような既存の制度についての権限や事務が移譲される. 移譲された事務について, 国が

示した資料やソフトの欠陥を市町村が指摘し，都道府県を通じて国が修正しながら，数年かけて整備されるのが実情である．国の審議会の動画配信は，国から事務を移譲され，問い合わせしても回答が来ないにもかかわらず，現場で住民に対応しなければならない状態のとき，また，資料やソフトに齟齬があるのではないかと疑われるとき，市町村が国の考えや方向性を直接的かつ詳細に知ることができる唯一の手段なのである．

これは，市民にも同様である．市民団体が，新設される制度による補助金を申請したくても，申請期間が短く，制度の存在に気付かないまま申請期間が終了することがある．国の審議会動画を視聴することにより，制度の新設をいち早く知ることができる．また，申請の際，求められる事項の論点が何であり，どのような事業が交付されやすいのかを，知ることができる．

3. オープンデータ戦略

3-1. オープンデータの定義

国は，行政の透明性・信頼性が向上することと，市民やNPO法人，企業との協働が推進されることと，経済の活性化・行政の効率化とが，三位一体で進められることを期待し，公共データの活用を促進している[9]．2012年からは，行政情報をオープンデータ化する戦略（以下ODS）を提唱している．先述した地方分権改革有識者会議による「個性を活かし自立した地方をつくる～地方分権改革の総括と展望～」では，地方分権による「改革の成果」の「情報発信」が重要視されたが，地方分権を推進するためには，改革成果という結果の発信よりも，地域の実情を分析するための素材の共有の方が，重要度が高いはずである．この意味で，地方分権の基盤整備として重要なのは，改革成果の発信による動機付けより，政策立案段階に資するオープンデータなのである．

国（総務省）の定義によれば，オープンデータとは，機械判読に適した

データ形式で,かつ,2次利用が可能な利用ルールの下に公開されるデータである[7]．2次利用を可能とする趣旨は，2次利用により1つのデータが複数者により多様に分析されることで，社会の課題を解決することにつなげようとするものである．これは，まさに単なるデジタル化を超えたデジタル革命の発想である．

オープンデータについて，WWW（World Wide Web）の発明者でありLinked Dataの創始者でもあるティム・バーナーズ・リー（Timothy John Berners-Lee）は，図7-2のとおり，オープンデータが5つの段階に分けられること（The Star Scheme）を提案している[10]．

図7-2　ティム・バーナーズ・リーによるオープンデータのスキーム[10]

> ★ Available on the web (whatever format) but with an open licence, to be Open Data
> ★★ Available as machine-readable structured data (e. g. excel instead of image scan of a table)
> ★★★ as (2) plus non-proprietary format (e. g. CSV instead of excel)
> ★★★★ All the above plus, Use open standards from W3C (RDF and SPARQL) to identify things, so that people can point at your stuff
> ★★★★★ All the above, plus : Link your data to other people's data to provide

国では，リーの提唱した5つ星を用いたスキームを基に，図7-3のとおり，オープンデータの段階を示している[11]．

1段階は，計算機により参照でき，人が理解でき，編集が不可能なデータを公開するもので，Open Licenseの段階と呼ばれる．PDFなどが該当する．

2段階は，1段階に加え，コンピュータで編集が可能なデータを公開するもので，Readable (Human & Machine)の段階と呼ばれる．xls, docなどが該当する．

3段階は，2段階に加え，アプリケーションに依存しないオープンに利用できる形式のデータを公開するもので，Open Formatの段階と呼ばれる．XML, CSVなどが該当する．

4段階は，web標準の形式でデータを公開するもので，Universal Resource Identifier の段階と呼ばれる．RDF, XML などが該当する．

5段階は，4段階が外部連携可能な状態でデータを公開するもので，データ間の融合情報が規定され，検索可能な状態にあることを指す．Linked Data と呼ばれる段階で，LOD, RDF スキーマが該当する．

国では，機械判読可能な公開データが3段階目以降であることから，この段階以上が国策で進める ODS に該当することを示している[11]．

図7-3　総務省のオープンデータの考え方[11]

「オープンデータの5つの段階」と，データ形式

段階	公開の状態	データ形式例	参考）Linked Open Data 5star	
1段階	オープンライセンスのもと，データを公開	PDF, JPG	OL - Open License（計算機により参照できる（可読））	人が理解するための公開文書（編集不可）
2段階	1段階に加え，コンピュータで処理可能なデータで公開	xls, doc	RE - Readable（Human & Machine）（コンピュータでデータが編集可能）	公開文書（編集可）
3段階	2段階に加え，オープンに利用できるフォーマットでデータ公開	XML, CSV	OF - Open Format（アプリケーションに依存しない形式）	機械判読可能な公開データ
4段階	Web 標準（RDF 等）のフォーマットでデータ公開	RDF, XML	URI - Universal Resource Identifier（リソースのユニーク化，Web リンク）	
5段階	4段階が外部連携可能な状態でデータを公開	LoD, RDF スキーマ	LD - Linked Data（データ間の融合情報が規定，検索可能）	

オープンデータの5つの段階

3-2．オープンデータ戦略の必要性

市民自らが，必要な行政サービスを検討するためには，国や地方自治体の行政情報を，行政機関と市民とが共有することが前提となる．情報の共有は，国においては国民主権，また，地方自治体においては，地域主権や市民主権ないし市民協働といわれる「自治」を実現するために，不可欠の一要素である．この観点は，日本の地方自治体においては，「自治基本条例」に顕著に表れている．

「自治基本条例」は，もっぱら，地方自治体における基本法または最高法規として位置付けられるので，「自治体の憲法」とも呼ばれる[12),13),14)]．この条例では，市民主権または市民協働を定め，これを実現する手段として，行政機関と市民との行政情報の共有を定めている[12),15)]．この条例に見られる理論構成は，市民との行政情報の共有が，自治体運営の透明性を高めることに寄与するだけではなく，市民主権・市民協働の要素であることを示しているといえる．

自治基本条例については，定量的な分析も進められており，統計的な手法を用いた研究は，全文の構造を用いて規定内容の主成分分析を行うことで類型を示したもの[16)]，前文のみを用いてテキストマイニングを行いミッションについて考察したもの[17)]，出生率が低い基礎自治体ほど，より網羅的に規定された自治基本条例を制定していることを明らかにしたもの[18)]等がある．

行政情報の共有には，2つの手法がある．1つは，「情報公開制度」により，国民・市民の情報開示請求をもって，当該情報が開示され，共有化される手法である．他方は，行政が主体となって裁量により情報を提供する「情報提供制度」である[19)]．

ODSは，請求がなくとも公開していく戦略であるから，情報提供制度の発展形であるということができる．「情報提供制度」に該当する活動として，国では，日本の政府統計を集約した「e-stat」を開設している．「e-stat」は，省庁ごとに分かれて掲載されていた各種の統計情報を，1つのウェブサイトから提供することを目的として，2008年に総務省により整備された．「e-stat」では，省庁が行った調査の生データをXLS形式やCSV形式でダウンロードできる．

2015年には，内閣官房が「RESAS」と命名されたシステムを構築した．これは，官民の保有する一部のビッグデータを活用し，人口推計や産業構造などを地図上にグラフィックで示すシステムである．必要に応じて，グラフィックを生成するための生データをCSV形式でダウンロードできる．

CSV形式のファイルは，機械判読可能であり，2次利用も可能である．このように，機械判読が可能で2次利用が可能な形式が公開されれば，市民は，簡易なデータ加工により資料を作成することができる．

さらに，データ・アーカイヴ（Data Archive）[20]のように，調査報告書が公表されるだけではなく，その生データ[21]が公表されれば，市民が自ら分析することも可能となる．ODSは，市民自治の基盤整備に資するものであるから，推進されることが求められる．

3-3. 基礎自治体におけるオープンデータ戦略の現状

基礎自治体は，ウェブサイトを運営し，情報提供を行っている．基礎自治体は，ウェブサイトを通じて，計画の公表や調査報告などを行っている．情報提供が広く行われ，役所に出向かなくても電子データにより行政情報を確認することができれば，市民が公共サービスの有用性等を比較検討しやすい．

しかし，2016年5月に東京都内の26市のウェブサイトを対象として行われた調査[22]では，ティム・バーナーズ・リーの理論による1段階に該当する自治体は4市，2段階に該当する自治体は4市，3段階に該当する自治体は3市，4段階以降に該当する自治体はなく，何らのデータ公開もない自治体は15市もあった．

このことは，国策としてのODSが実施できている自治体は3市のみであり，ODSが今後の課題であることを示している．

また，上記の調査では，市のウェブサイトにODSを明記した計画が掲載されていたのは，26市中12市にとどまった[23]．市のウェブサイトに何らのデータ公開もしていない15市のうち，10市は，ODSについて規定した計画を保有していなかった．

計画に規定があれば，現状ではデータの公開がなくとも，今後，公開に向けた検討等が進められる方針が示されており，ODSが推進されていく可能性はある．一方，計画に規定がなければ，今後，ODSを採用するか否か不

明である.

さらに,前述の調査では,計画にODSを規定していた自治体のうち,情報に特化した個別計画に規定していたのが7市,市の包括的な総合計画に規定していた自治体が5市であった.

個別計画に規定があるということは,情報政策の担当部署が,ODSの必要性を認識しており,情報政策の担当部署が音頭を取って進める方針であることを意味する.計画に規定する際は,相当な下調べを行い,実施に向けて努力できそうかどうか,どの程度の強制力のある表現を使うかを吟味して,規定される.したがって,規定している文言の強制度・緊急度は自治体により温度差はあるが,一定の知識を持った上で規定していることは間違いない.したがって,ODSを進める際の素地は整っているといえ,実際にODSに対応するまでに長い時間はかからないことが推察される.

一方,総合計画に規定があるということは,全庁的に取り組むべき課題として認識している場合と,担当部署に振り分ける先が見つからず企画政策部署の預かり事項となっている場合とがある.全庁的に組織をあげて取り組む事項と認識している場合は,対応が滞る心配は,ほとんどない.企画政策担当部署が,自ら陣頭指揮をとることが多いからである.しかし,割り振る先の部署が見つからない場合は,対応が開始されるまでに,時間を要することが多い.ODSについては,企画,広報,情報政策,情報公開のいずれかの部署が担当する方向で検討され,他の所掌事務の性質等を勘案して,決定されることになるだろう.担当部署が決定されてから,担当者が決定され,一定の下調べをしてから対応が開始されるので,時間を要するのである.

さらに,上記の調査では,計画にODSの定義を規定していた12市のうち,データの2次利用を可能にすべきであることを明記していたのは6市,明記していなかったのは6市であった.同様に,ODSの定義に,機械判読に適したデータであることを明記していたのは6市,明記していなかったのは6市であった.加えて,ODSを推進することを明記していたのは6市,ODSを検討する必要性を示すにとどまったのは6市であった.これらの結

果から，ODS の定義を国の示したとおりに規定したのは半数にとどまった．その他は，わかりやすい表現や包括的な表現を用い，解釈が限定されないように規定されており，国が定義するところの ODS の実施を，計画期間内に確約できる段階にはないことが示唆された．

おわりに

　地方分権は，国が主導し，地方へ権限や事務を移譲することにより，進められてきた．それは，地方の意図とは，異なるものであったかもしれない．しかしながら，一定の移譲が完了し，地方政府として，地域主権の発想を持たざるを得なくなった．市民にしても，同様である．自らの公共サービスは，自らが守る．そのような使命感・責任感・危機感を持って，まちづくりに当たる時代が来たのである．市民や市民団体，NPO に寄せられる期待は大きいが，大企業や行政機関のような多様な地域情報を保有していない以上，大企業や行政機関のような分析をすることもできず，わがまちの展望を読むことは，難しい．情報の偏在が，個人レベルまで解消されるに至らなければ，実際には市民主権の実現は難しい．ODS は，地域主権・市民主権の観点からも，必須の政策である．しかしながら，本章で示したとおり，基礎自治体は，移譲された大量の事務に疲弊し，ODS が後回しになっている現状がある．本来は，ODS によるオープンデータの素地が整備され，その活用方法についても市民に十分に理解されてから，地方分権・地域分権がなされるべきであった．市民に対して，地域情報の提供や分析手法が示される前に，地方分権が進められすぎたことが，国からの押し付けの地方分権であると評される一因であろう．今後，移譲された権限や事務を，従来にはない発想で，地域に根差して継続的に実行するためには，地域の生活情報が構造化された，地域情報のプラットフォームを構築することが必要である[24]．今後の自治体ウェブが目指す方向は，ここである．この地域情報化プラット

フォームを活用することにより，市民が多様な公共サービスについて，生活に密着した政策の立案や実施，見直しといった PDCA に「担い手」として協働することができるようになると考えられる．

1) 内閣府「地方分権改革のこれまでの経緯」（2017 年 5 月 1 日アクセス）
   http://www.cao.go.jp/bunken-suishin/doc/st_03_bunken-keii.pdf.
2) 内閣府「地方分権改革のこれまでの成果」（2017 年 5 月 1 日アクセス）
   http://www.cao.go.jp/bunken-suishin/doc/st_04_bunken-seika.pdf.
3) 地方分権改革有識者会議「個性を活かし自立した地方をつくる～地方分権改革の総括と展望～」（2017 年 5 月 1 日アクセス）
   http://www.cao.go.jp/bunken-suishin/doc/260624_soukatsutotenbou-gaiyou.pdf.
4) 今村都南雄（2006）「公共性の再編と自治体改革―公共性を支えるのはだれか」（『月刊自治研』1 月号）．
5) 吉田民雄・杉山知子・横山恵子（2006）『新しい公共空間のデザイン―NPO・企業・大学・地方政府のパートナーシップの構築』神奈川：東海大学出版会．
6) 礒崎初仁（2012）『自治体政策法務講義』東京：第一法規．
7) 内閣府「子ども・子育て会議等」（2017 年 5 月 1 日アクセス）
   http://www8.cao.go.jp/shoushi/shinseido/meeting/index.html
8) 内閣府「子ども・子育て支援新制度」（2017 年 5 月 1 日アクセス）
   http://www8.cao.go.jp/shoushi/shinseido/index.html
9) 総務省「オープンデータ戦略の推進」（2017 年 5 月 1 日アクセス）
   http://www.soumu.go.jp/menu_seisaku/ictseisaku/ictriyou/opendata/
10) Timothy John Berners-Lee（Tim Berners-Lee）*Linked Data – Is your Linked Open Data 5 Star?*（2006）（2017 年 5 月 1 日アクセス）
    http:www.w3.org/DesignIssues/LinkedData.html.
11) 総務省「オープンデータとは―オープンデータの 5 つの段階とデータ形式」（2017 年 5 月 1 日アクセス）
    http://www.soumu.go.jp/menu_seisaku/ictseisaku/ictriyou/opendata/opendata01.html#p1-3.
12) 辻山幸宣（2002）「自治基本条例の構想」松下圭一，西尾勝，新藤宗幸編『岩波講座　自治体の構想 4　機構』東京：岩波書店．
13) 辻山幸宣（2003）『自治基本条例はなぜ必要か』東京：公人の友社．
14) 木佐茂男・逢坂誠二編（2003）『わたしたちのまちの憲法―ニセコ町の挑戦』東京：日本経済評論社．
15) 片山健也（2001）『情報共有と自治体改革―ニセコ町からの報告』東京：公人の友社．
16) 湯淺墾道（2008）「自治基本条例の構造と動態」（『九州国際大学法学論集』第

15巻第2号）73-108頁.

17）茂木康俊（2014）「地方自治体のミッションに関する定量的検討：自治基本条例前文のテキストマイニング分析を中心に」（『地方自治研究』第29巻第2号）13-27頁.

18）Kurata, N. & Kurata, Y.(2016) "Quantitative Study on the Design of Ordinances Enacted by Local Governments in Japan: The Composition of Fundamental Ordinances on Local Autonomy and Analysis of Basic Regional Data", *Journal of Transformation of Human Behavior under the Influence of Infosocionomics Society.* Vol.1, pp.5-13.

19）宇賀克也（2004）『行政法概説Ⅰ』東京：有斐閣.

20）データ・アーカイヴとは，社会調査から得られたミクロ・データを収集・整理・保存し，データの再分析を行う利用者に提供する機関である.

21）生データとは，調査を行った際の，調査票の各項目に記述された内容を示す，未加工のデータのことである．団体を単位とする生データはマイクロ・データ，個人を単位とする生データはミクロ・データと呼ばれる.

22）Kurata, N. & Kurata, Y.(2016) "Information Sharing between the Civil Administration and Citizens: An Implementation Proposal of Open Data Strategy in Japanese Local Governments", *Proceedings of International Conference on Japan & Japan Studies.* pp.109-115.

23）市の計画は，包括的な総合計画と，その下位に福祉や都市整備等の分野ごとの個別計画が策定される．情報系に関しては，多くの自治体では，個別計画として地域情報化計画を策定している．この調査に当たっては，地域情報化計画またはそれに相応する計画が確認され，それらに規定されていなかった場合，総合計画が確認された.

24）Kurata, N., Ohashi, M., and Hori, M.(2015) "Local Communities Platform for Restoration of "Kizuna": Reconstruction of Human Bonds in Communities Damaged by Nuclear Disaster", João Eduardo Varajão, Maria Manuela Cruz-Cunha and Ricardo Martinho Eds. "Improving Organizational Effectiveness with Enterprise Information Systems", (Chapter 8) pp.127-140, Pennsylvania: IGI Global.

第 8 章

IoT がもたらす新たなソーシャルデザイン

桐谷 恵介

はじめに

近年,デジタル革命を具現化するキーワードとして IoT (Internet of Things) が隆盛してきている.クラウドやビッグデータなどのデータ解析技術,AI などの技術的な革新が,IoT の隆盛をもたらせていると考えられる.これによる画期的で具体的なデータ革命が新たなソーシャルデザインを興していくと考える.

1. IoT の隆盛とデジタル革命

1-1. 隆盛する IoT

インターネットやクラウド技術の発達と低コスト化,スマートフォンに代表される携帯機器の普及,コンピュータの処理能力の向上や記憶容量の拡大,無線通信の帯域が拡大しリアルタイムで大容量の双方向通信が可能になったことなどによって,経済活動や社会システムの基盤が,大きく変化し

ようとしている．

　図8-1は，日経テレコンで「IoT」，「M2M」，「フィンテック」，「オムニチャンネル」，「デジタルビジネス」というキーワードで，記事検索をした結果である．これらのキーワードが，日本経済新聞や日経産業新聞などで取り上げられた記事の件数を，ここ3年間にわたって月次で集計したものである[1]．

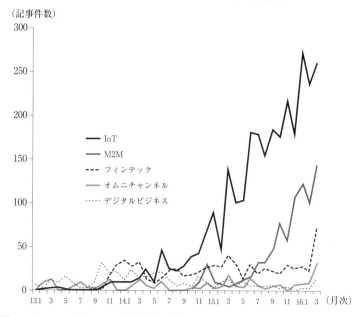

図8-1　日経各紙におけるIOT関連記事掲載数

（注）日経テレコンを用いて，日本経済新聞社各紙において，表記キーワードで検索される記事の件数を月次で集計した．
（出所）FY JAPAN.

　2015年頃から爆発的にこのキーワードの記事数が増えていることが明確であり，IoTが隆盛してきているといえる．

1-2. IoTとは

　IoT（Internet of Things）の定義はさまざまで，必ずしも定まったものはな

く,その定義が曖昧なままに使われていることもあるようである.単なる技術的な手段と定義するのではなく,社会に作用する仕組みや概念であるとの定義の方が有用であると考える[2].(図8-2)

そもそもInternet of Thingsという言葉を最初に使ったのは,商品や荷物に付ける無線タグの標準化団体「Auto-ID」の創設者の1人であるKevin Ashton氏で,1999年のことだとされている.

彼はIoTを「無線タグを付したモノがセンサーとコンピュータを介してインターネットに接続される仕組み」と定義しているが,無線タグ普及の取り組みの延長線上での解釈といえるであろう.しかし,今では,より広い意味で使われることが増えている.

1つは,「現実世界の出来事をデジタルデータに変換しネットに送り出す機器や仕組み」である.モノに組み込まれたセンサーが,モノ自体やその周辺の状態や変化を読み取り,ネットワークに送り出す技術,その技術が組み込まれた機器,またはこれを実現するための通信やデータ管理のサービスを

図8-2 この1枚でわかる「IOTの定義」

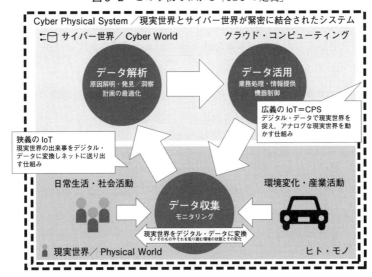

(出所)ネットコマース㈱

いう場合である．

もう1つは，「デジタルデータで現実世界を捉え，アナログな現実世界を動かす仕組み」である．モノから送り出された現実世界のデータをサイバー世界の機械学習で分析し，規則性や最適な答えを見つけ出し，それを使って機器を制御し，人にアドバイスを与えるなどして現実世界を動かす．その動きを再びセンサーで読み取り，ネットに送り出す，この一連の仕組みをいう場合をいう．

前者は，手段に重点を置いた解釈で，後者はデータの使われ方やデータを使って価値を生み出す全体の仕組みに重点を置いた解釈である．

いずれか1つが正しいというのではなく，このようないくつかの解釈があるということである．また，モノだけではなく人を含むあらゆる出来事がインターネットに接続しデータを生み出す仕組みという意味から，IoE（Internet of Everything）という言葉が使われることもある．もともと Cisco Systems が提唱した概念であるが，これもまた IoT の1つの解釈といえるかもしれない．

1-3. IOT の基本概念と構造

IoT を実現するための基本概念は4つの要素で構成されている．

要素1：モノに付属されたセンサーがデータを取得する

センサーは温度，湿度，色，動き，音声，静止画，動画などあらゆるデータを取得することができる．目的に応じて最適なセンサーを取り付けることが IoT の第一歩である．

要素2：取得したデータがクラウド上に蓄積されていく

クラウドとはインターネット上の世界を指し，IoT ではクラウド上のサーバストレージにデータをどんどん蓄積していく．

要素3：蓄積されたデータを分析する

蓄積されたデータは即時性のあるものがリアルタイム処理によって分析され，即時性のないものはバッチ処理などで一括分析される．

クラウドはインターネット経由で提供されるインフラなので，拡張性に優れ必要に応じてリソースを増減できることからIoTとの相性が良いと考えられる．

要素4：分析結果がモノに送信され，それに応じてアクションを起こす

分析結果をもとに，インターネットと接続されたモノにアクションを起こす．

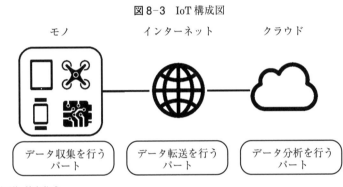

図8-3 IoT構成図

（出所）筆者作成．

IoTの基本概念を実現する構成要素の観点から説明すれば，以下の3つになる．

構成要素1：データ収集を行うパート

モノにハードウェアで実装．具体的にはセンサー，モバイル用CPU，デバイス，無線通信装置など．

構成要素2：データ転送を行うパート

ネットワークで実装．具体的には無線，SIMカード，IPネットワークなど．

構成要素3：データ分析を行うパート

ビジネスインテリジェンスソフトウェアなどで実装．具体的には，ビジネスプロセス支援，データ分析やビジネスパフォーマンス管理，意思決定支援

など.（図8-3）

このように3ステップで抽出された"答え"が，モノに対して働くなら命令として，人に対して働くなら情報として提供されるのである．

1-4. IoT 発生の由来と隆盛の経緯

Kevin Ashton が最初に IoT という言葉を発した1999年は，インターネットがようやく普及期に入りかけた時期で，我々人類がその利便性に気付き始めて，商取引が E コマースという形でインターネットを介して行われるようになり始めた頃であった．

一方で当時この考え方と IoT という言葉がビジネストレンドとして十分に流行りはしなかったのである．ネットワークの速度や通信帯域をはじめとしてコンピューティング技術がそこまで追いついていなかったことと，センサーなどのコストがまだまだ高かったことが一つの原因として考えられる．

2000年頃には IoT という言葉の代わりに，機械と機械が通信するという，ほぼ IoT と同じ考え方にもとづく「M2M」というキーワードの方が先に流行ってしまい，以降10年近く IoT は忘れ去られ M2M の方が用いられることが多いキーワードとなった．

しばらく聞かなかった「IoT」は2011年に米国シスコシステムズが発表したホワイトペーパーで再び脚光を浴びることになったのである．

2008年から2009年の間にインターネットに接続されている機器の数が急増し，全人類の人数よりも多くの機器がインターネットに接続されているという「転換点」を迎えたと述べられていた．

パソコンや携帯電話をインターネットにつなげて人が操作する前提のビジネスではなく，人が介在しない，モノだけがつながるビジネスの可能性を示唆したともいえるわけである．

1-5. IoT と AI とビッグデータ

IoT と同時に語られる"バズワード"としては，AI とビッグデータがある．

AIは人工知能（Artificial Intelligence）のことであり，人間の使う自然言語を理解したり，論理的な推論を行ったり，経験から学習したりなど，人間の脳が行っている知的な作業をコンピュータで模倣したソフトウェアやシステムのことであり，ビッグデータは，従来のデータベース管理システムなどでは記録や保管，解析が難しいような巨大なデータ群のことであり，IoTの結果得られるものとして理解されている．IoTの世界では，IoTによって集められた巨大なデータ群を活用するのにAI技術を使うという関係にある．IoTとAIとビッグデータの関係を示した図が以下である．（図8-4）

図8-4 IoTとAI，ビッグデータの関係

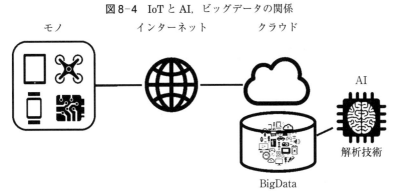

（出所）筆者作成．

1-6. IoTで何ができるか？

2020年にはインターネットにつながるモノ（IoT/M2Mデバイス）の数は，250億とも1,000億ともいわれている．これらのモノがつながった時，より人に身近なIOTにより私達の暮らしは豊かに便利に変わると考えられているのである．

また，シスコシステムズによると2020年には500億ものモノがインターネットにつながってくるといわれている．（図8-5）これまでのPC（10億台）やモバイル（100億台）と比べると圧倒的な台数の多さである[3]．

図 8-5 繋がるモノの台数

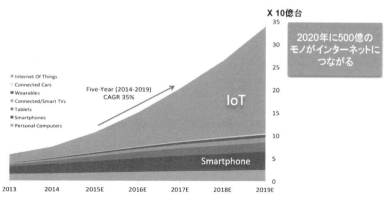

（出所）BI Intelligence Statics 2015.

　身近な暮らしにおける活用例としては，たとえば，家・建物との組み合わせでは，電子錠，セキュリティカメラ，オーディオ・ビジュアル機器，照明，カーテン，シャッター，エアコン，床暖房など家庭内の電化製品をインターネットに接続し制御することで，日々の気候や大気の状況が観測され，健康に支障のあるような天候になった際は，自動的にアラートを上げたり，窓の開閉や換気を行ったり，屋内であればエアコンと連動して最適な温度にすることができる．子どもたちの通う学校では，校内アナウンスで注意を喚起し，施設内に安全に誘導することもできるであろう．

　日常生活に深く関係する家電の IoT 接続の例は，こんなイメージになる．

　たとえば朝，あなたは目が覚めて身を起こしたとする．すると，Deviceであるベッドに搭載された圧力センサーが働いて，あなたの起床は家全体を管理するエアコンと照明コントロールに知らされ，リビングのテレビとキッチンのコーヒーメーカー，トースターに無線で知らせる．

　信号を受け取った機械は自らスイッチを入れて動き始める．顔を洗ってキッチンに入った頃には，あなたは快適な空調の中で，リビングのテレビでニュースを見ながら，香り高いコーヒーと焼きたてのトーストの朝食を食べ始める．

さらにコーヒーが冷めたことを感知したチップ入りの陶製コップが，コーヒーメーカーに"もう一杯入れろ"と命令を出し，自動的に新しいコーヒーが入れられる……．洗面台での顔画像認識データと自動体重計で測った体重データが，クラウド上のマイページに転送されている．タブレット端末で顔色診断結果と体重グラフの推移を見ながら，あなたは最近の不摂生と運動不足をちょっと反省する．

まるで近未来映画の1シーンのような風景であるが，IoTが具現化されると，これが日常になるのである．

車・自動運転の技術との組み合わせでは，車内のセンサーやデバイス（IoT/M2Mデバイス）をインターネットに接続し，得られたデータを利用することでパーソナルな運転を適正化することができるであろう．さらにそこから得られた情報を統合データベースとして活用すれば，天候，渋滞の情報を元にさまざまな情報サービスや，データ分析し新たなサービス提供も可能である．また，さまざまな機器では，マシンログが自動的に蓄積，解析され，故障する前に修理を呼ぶことができるようになる．

健康・医療の技術との組み合わせでは，インターネットに接続されたさまざまなウェアラブル製品を身につけることで，そこから得られるデータを専門家が解析・フィードバックすることにより，家族の運動や健康状態を計測，病気を未然に発見・予防することが可能になるかもしれない．

もちろん，産業においてもこれらのIoTによるメリットを享受することができる．データインプットなどさまざまなプロセスが効率化されることで，全く新しい製品やサービスを提供できるようになるほか，より創造的で新しい仕組みを作ることに人のリソースを割くことができるようになるのである．

また，センサー技術の発展により，人間の会話の音声，会話の方向性，声の強弱や周波数の変化などをセンシングすることで，人間の感情や場の雰囲気などまで可視化できる研究も報告されており，会議の雰囲気を可視化して盛り上がりに対して有効なアクションをとることでビジネスにつなげようと

するPOC（Proof Of Concept/概念実証）が行われている実例もあるようである．

クラウドとモノ（IoT/M2Mデバイス）をインターネットにつなぐことで，新たな製品の開発・利用方法が生まれ，新たな収益機会を生み出すことができる可能性に満ち溢れているのである．

2. IoTと人間の関わり

2-1. デジタル化による社会の変化

ものごとがデジタルになるということは，すでにこれまで30年近くにわたり，我々人間は経験してきている．

たとえばアナログ回路から「デジタル回路」に変化したことで電子機器の設計が容易になり，これまでは下請け製造しかしていなかった新興国でも完成品が作れるようになり，価格破壊が起こったのである．

絵コンテで描かれていたアナログなコンテンツが「デジタルコンテンツ」になったことで制作物としてのコンテンツの大量コピーが容易になり，海賊版が横行するようになっている．

これまでの商取引の手段がデジタル化して「インターネットでのeコマース」となったことで，時間と場所とリードタイムを問わない商取引がリアルタイムに世界中で行われるようになり，我々の生活やビジネスが激変したことなどが，「ものごとがデジタルになったこと」で起こった大きな変化だと考える．

そして今度はそれらが，ネットワークを通じてつながり，流通し始めたのである．すなわちIoT化したわけである．

その世界の中では，今まで対極にあってつながるはずがないと思われていたものごとや，別々のものごとだと捉えられていて，まさかそれらがつながるとは思われていないものごと・空間などがつながり始めている．

それによって起こっている事象は「ありとあらゆるものごとや空間，概念

すらもはや境界がなくなってきている」ということといえる．

2-2. IoTによる人と機械の関係

IoTの進展により人と機械の関係にも変化が生まれる．両者の関係の進化には，過去から未来へと3つの段階があった．

第1の段階は，人と機械を「分離」して機械が人の仕事を肩代わりするという関係である．人が担わなくてよい仕事を機械に代替させるもので，自動化の原点である．工場自動化や自動改札機などの事業の歴史もこれに該当する．

第2の段階は，人と機械が「連結」して両者が協働する関係である．たとえば，工場の生産ラインで人と組み立てロボットが共存し，互いの適性を最適に発揮して生産性を高めるというものがこれにあたる．また，「ぶつからないクルマ社会」を目指した衝突防止技術も，人と機械が協調して安心・安全や快適性を実現している一つの事例である．

第3の段階は，人と機械が「融和」して人の能力が拡張される関係である．機械が社会の中に広く融け込み，そしてその機械の支援を得て人間の可能性や能力が拡がる．人の体の状態をモニタリングできるウェアラブル機器や，人の意思を感知して動作を助けるロボットスーツなど，すでに実用化が始まっている．

2-3. これまでのIT技術とIoTの違い

これまでのIT技術とIoTの大きな違いは，IT技術の人間に対する関わり方であると考える．

IoT以前のIT技術は，データを処理し人間にとって有効なOutputを出力する機能を提供し，業務などの人間の行動を効率化してきた．

また，通信の観点では遠隔地とコネクトしてデータや処理のやり取りを実現し，これも人間にとって有効な機能をもたらしたといえる．

企業における伝票処理とか決済とかだけでなく，ホテルや旅行の予約も伝

票処理，通信機能も連絡し最終的には伝票を作成する為の機能であったともいえる．計算，情報整理，通信というものが，IoT 以前の IT 技術で実現され，人間との関わりを持ってきたのである．

一方，IT 技術であらゆるものをつなげる IoT は，より人間に近い存在であると考える．換言すれば，より人間に深く関係する技術ともいえるのである．

IoT で実現できることは，たとえば，人間の行動をセンシングしてデータ化し，分析することで，その行動や考え，ひいては感情まで"可視化"できたりするのである．これは，IoT はより人間に"近い所"で技術が実現するということといえる．

2-4. IoT が実現する現実社会のデジタル化

一方，IoT の広義の概念として，「現実世界をデジタルなデータとして捉え，アナログな現実世界に作用する仕組みや概念」と捉える考え方がある．

つまり IoT の仕組みを使えば，私たちを取り巻く現実社会をデバイスやセンシングの機能を活用してデジタルなデータとして捉えることができてしまうわけである．人間の行動や考えなどを，何兆テトラバイトのデータとして把握できるのである．

データで捉えてしまえば，分析したりシミュレーションしたりも可能で，それにより得た知見を，アナログな現実社会（まさに現実世界）にフィードバックすることができる．そのフィードバックの1つが新しいビジネスになり，また，社会自体の仕組みを変える可能性があると考える．

人間により"近い所"で，現実世界がデジタル化できたら何が起こるのであろうか？

3. IoTが変える現実社会

3-1. IoTにより人間の"主観"の重要性が高まる

　人間により"近い所"で，現実世界がデジタル化できること，人間の行動や考え，感情をデータ化できるということは，これを人間の社会への関わりの観点で捉えると，ひとつは，人間の"主観"の意味や，価値が上がるということにつながると考える．

　これまでの社会では，人間の"主観"については，その重要度については共通認識されており，"主観"からの"気持ちよさ"，"快適"，"不快"などが，我々の社会でのさまざまな判断基準に生かされてきた．

　たとえば，アメニティ（Amenity）というキーワードがある．アメニティは第一義的には，快適性，快適な環境，魅力ある環境などを意味する語，つまりは，「住み心地のよさ」「居住性（のよさ）」を表す概念として，19世紀後半以来イギリスにおいて形成されてきた．環境についての思想に基づいており，都市計画や環境行政の根本的価値観，中心的原理に位置づけられている．

　まさに"主観"からの"気持ちよさ"，"快適"，"不快"などを判断基準にすることは一般的な概念なのである．

　一方，その把握方法については，アンケートやヒアリングなどの正確性を欠くと言わざるを得ない対応方法が主であり，結果として，正確な"主観"を把握することは困難であった．つまり重要な"主観"という判断基準が曖昧なまま活用され，社会に大きな影響を与えてきたといえるのである．

　IoTにより現実社会をデジタル化することで，"主観"の把握を正確に行うことができるようになり，"主観"の把握がより正確・精緻になることで，"主観"の社会における意味合いや価値が変わり，より重要な位置づけになると考える．

3-2. つながることによる問題の解決

　人間により"近い所"で，現実世界がデジタル化できることで変わるもうひとつは，"つながる"ということにより現実社会が変わるということである．

　IoTは，まさにありとあらゆるものが"つながる"ことに他ならないから，それがもたらす意味は大きくなる．

　"つなげる"ことで"境目"がなくなるのである．現実社会の"境目"はありとあらゆる所に存在する．国境，人種，年齢，性別，業界，組織（日本人，企業，女性，団塊ジュニア世代など，さまざまに分類される属性）など，社会活動，あるいは生きていくこと自体にさまざまな"境目"があるのである．

　しかもこの"境目"こそ，あらゆる問題のきっかけであるとも言えると考える．国境という"境目"による国と国との戦争，人種という"境目"による争い，差別，年齢や性別という"境目"による，価値観の相違，差別など，"境目"が根本原因になる問題が数多く存在する．より自分に近いところでも，社内と社外，自社と他社，企業と個人などの"境目"による問題発生を感じていると考える．

　ある意味で，IoTはこれらの"境目"を飛び越え，現実社会を"境目"のないデジタル化して捉える，ということが実現できるのである．

　たとえば，IoTは国境など全く意識しないから，どの国でも地域でも平等につながってしまう．ある意味で精緻なレベルで現実社会をデジタル化できてしまうのである．そうなると今までは，国境とか物理的な距離や情報の遮断により，保護・隔離されていた現実社会が解放されて，内外から見ることができ知ることができ，かつ体感レベルで理解できるようになり，国境の意味は全くなくなってしまうのである．いわゆるグローバル化が，生活の体感レベルで劇的に進んでしまうのである．

　このように，IoTによる現実社会のデジタル化は，国境や人種，性別など人々を分けるさまざまな境界が意味を失い，職業や仕事のかたちも劇的に変わるのである．

つまり，IoTにより"境目"なく現実社会がデジタル化されると，"境目"起因の問題が解決されていく，といえるのである．

4. IoTによるデジタル革命とソーシャルデザイン

これまで述べたように，IoTにより，人間により近い現実社会をデジタル化でき，社会の"境目"を飛び越えた社会を実現できる，というデジタル革命が起きている．このことがソーシャルデザインにどのような影響を与えるのであろうか？

4-1. デジタル社会下でのアイデンティティの変化

人間により近い現実社会をデジタル化することで，現実社会の"境目"がなくなり，そこに起因した現実社会の問題が解決されることによって，何が起こるのであろうか．

現実社会の"境目"は問題の起因でもあることは前述したとおりであるが，自己のアイデンティティの起因でもあると考える（この場合のアイデンティティは，社会集団の中で自覚され，評価される社会的自己のことと考える）．

ある意味で社会集団は，現実社会の"境目"により他と隔離されることで，発生しているものであるから，"境目"がなくなった途端に，社会集団は崩壊してしまう．これまでの現実社会に存在した寄り立つもの（境，壁）がなくなり，それにより生まれていたといえるこれまでのアイデンティティが揺らいでしまうことになってしまうと考える．つまり，デジタル革命によりこれまでのアイデンティティが変化してしまうはずなのである．

では，デジタル社会でアイデンティティはいかに形成されるのであろうか．アイデンティティはなくなることはなく，デジタル社会の下で形成される新しい帰属意識に立脚して，アイデンティティが形成されると考える．

デジタル社会で形成される帰属意識とは，人間の主観に基づく気持ちとか

感情などが重なる人たちとの帰属意識ではないかと考える．

現実世界がデジタル化できること，人間の行動や考え，感情をデータ化できるということで，主観が可視化され，それにより同じ主観の人に帰属し，寄り立つ．それにより自己のアイデンティティが確立されていくのではないかと考える．

これまでの現実社会でも，同じ考え，主張の人々が集団を作り，活動してきたかと思う．ある意味でそれをアイデンティティとしてきた例も言を俟たない．その集団では，同じ考え，主張かと思ったが実は違っていたとなり，集合離散を繰り返していることも極めて一般的なことといえる．

それが，デジタル社会では，極めて精緻に考えや主張が共有され，本当に一致する集団ができ，そこに強固なアイデンティティが形成されるようになると考える．デジタル社会において，アイデンティティは，人の主観に寄り立って形成されると考えるのである．

4-2. 普遍的な価値観の変化

IoTによる人間により近い現実社会をデジタル化するというデジタル革命により，いろいろな"価値"が変わると考える．

先に述べたように，デジタル化社会では，主観がより重要で価値のある社会といえるので，価値観が大きく変わると考える．

たとえば，ファッションやグルメなどの基本的な価値基準はより客観的な"人の評価"によるものへと変わっていくと考える．

これまでは，特定の評論家の意見を客観評価としていたが，IoTにより，各自しかも全員の意見，評価をデジタル化し定量化・可視化ができてしまう．評論家や"世間"の意見という漠然としたものに踊らされ，誘導されて"流行"が出来上がっていたが，真の客観的な評価により本当の流行が解るのである．

また，たとえば不動産価値というものも価値観が変わる．これまでの価値基準は立地や利便さが主だった．街のイメージやブランドなどの価値観もあ

るが，その価値基準は一部の都会における限定的なものであった．

　IoTにより，各自の意見や感性をデジタル化し定量化・可視化することにより，街の心地良さや快適さが明確になり，感性の可視化によるランク付けの細分化が可能になり，それが"真の"不動産価値につながっていくと考える．新しくて綺麗な街の評価が必ずしも高くなく，古い下町や自然溢れる田舎町の評価が高くなるかもしれない．バイアスのかかるアンケートではなく，主観や感情のデジタル化による定量化・可視化によって，正確な評価となるのである．

　現実生活の価値観のうち，大きな部分を占める不動産価値が変われば，個人の生活が変わり，さらに地域やひいては国のありようまで変わるかもしれないのである．

　このように，人間により近い現実社会をデジタル化するというデジタル革命により，人間社会の価値観の大いなる転換が起こる可能性を秘めているのである．

4-3．ソーシャルデザインに与える影響

　ソーシャルデザインとは，社会的な問題の解決と同時に新たな価値を創出する画期的な仕組みを作ることであり，単なる利益追求ではなく，社会貢献を前提にしたコトやモノのデザインのことと捉えれば，IoTにより，人間により近い現実社会をデジタル化できるというデジタル革命は，ソーシャルデザインに大きな影響を与えるはずである．

　これまで述べてきたように，IoTによりデジタル革命は，現実社会の境目をなくし，境目に起因した問題を解消でき，さらに我々のアイデンティティのありようや，社会への価値観まで変えてしまうのである．

　結果として，1つは，これまでソーシャルデザインを行う上で"見えて"いたのが社会，コミュニティ，個人のダイナミクスそれぞれが構成要素として個別に見えていたのであるが，IoTによるデジタル革命により，それらのつながりまで見えてしまうことで，ソーシャルデザインのターゲットとなる

図 8-6 デジタル革命で広がる社会のダイナミクス

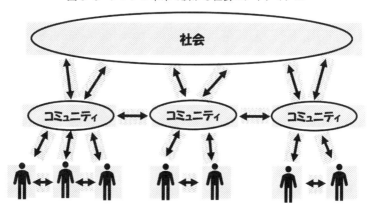

（出所）筆者作成.

社会全体の情報が多くなる．（図8-6）

　それは，これまではある意味 KKD（カンと経験と度胸）で行っていたソーシャルデザインを，データを根拠にして，極めて論理的に行えるということで，より緻密で有効なソーシャルデザインができるようになるということと考える．

　もう一つは，人間の行動や考え，感情までをデータ化できるデジタル化社会では，主観がより重要で価値のある社会といえる．それは，換言すれば，これまでのモノ中心の価値観重視の「モノの時代」から，心の価値観重視の「心の時代」に変化するといえるのではないか．

　「心の時代」などと言ってしまうと，たとえば大乗仏教の見解である唯識の教えのような宗教色を感じてしまうかもしれないが，素粒子物理学を突き詰めていくと哲学の世界に近くなると言われるように，社会がデジタル革命によって「心の時代」になるというのは，ある意味で両極端にある考えが結びついて行き，真理に近づくということなのかもしれない．

デジタル革命により社会が「心の時代」になるとソーシャルデザインにどのような影響を与えるのであろうか？「心の時代」を具体的にいえば，人間の主観が価値を持ち，尊重される時代といえるであろう．

　ソーシャルデザインが立脚する価値観が変わる．これまでの心の満足を目指すアプローチもあったが，デジタル革命下ではより精緻に，かつデータを基準とした論理的なアプローチで心の満足を目指すソーシャルデザインへと変化すると考える．

お わ り に

　これまで主観的にしかできなかった我々のアナログな現実社会の認識・捉え方を，IoTによりデータで把握できることで，客観視でき，より良くアナログ世界を変えていくことができる，つまりソーシャルデザインの在り方・やり方が画期的に変わる可能性が高いと考えるのである．

1) 「日経各紙におけるIOT関連記事掲載数」EY JAPAN（2016）
2) 「この1枚でわかる「IOTの定義」」斎藤昌義　ネットコマース㈱（2017）
3) 「繋がるモノの台数」BI Intelligence Statics（2015）

第9章

デジタル革命における「つなげる力」としての
ストーリーという視点について
―― 地方創生事例からの考察 ――

松 田 壮 史

はじめに

　本論では，デジタル革命においてのソーシャルデザインを考察するにあたり，「つながる力」と「つなげる力」という視点から，ストーリーの重要性を地方創生の事例をもとに論じていくものである．

　コンピュータの大衆化とそれらをつなげるインターネットによる情報ネットワークの構築は，情報ネットワーク社会という新しい社会構造を産み出した．古くはコンピュータの普及で，大幅な生産性の向上が実現させることに起因して，企業規模の拡大や集積のメリットは希薄化し，また，時間的・空間的な制約からの解放により，人々は豊かで人間的生活を送れる社会の到来が予測された時期もあった．

　しかしながら現実は，グローバル化による企業間の競争激化を引き起こし，それに伴い労働時間は増加している．その結果として，企業のM&A（Mergers and Acquisitions）による規模の拡大や人口の都市への集中は止まることはない．その一方で，情報処理技術はより知的になり，大量の情報を収集し，日々の情報は無限に集積され貯蔵されている．

IoT（Internet of Things）やM2M（Machine to Machine）また，フィンテック（FinTech）やクラウドファンディング（Crowdfunding）というキーワードはデジタル革命の一端である．それらの情報は生活の現場で発生するものであり，もはやスマートフォンをはじめとする携帯端末機を活用しての情報検索と情報発信は，人々の生活の一部となっており，日常の生活シーンにおいて，ソーシャル・メディアなしでの生活は考えられない時代になってきた．

　このような時代においては，情報に「つながる力」と情報を「つなげる力」という2つの力を持つことで，情報をパワーとして活用することが重要であり，それは国や企業，地方自治体といった組織だけでなく，一般的な生活者である個人にまで及んできている．

　このような時代の流れの中で，これらの情報を「つなげる力」を使い社会問題の解決を試みる取り組みにおいては，ソーシャルデザインへと昇華させる動きも出て来ている．

　特に，デジタル化に立ち遅れたと思われる地方での活用に注目したい．その多くはソーシャル・メディアを使い，ストーリーと共感によってフォロワーを募り，より大きな力とすることで，イノベーションを起こそうとする試みである．

　本論文では，デジタル革命に伴い，デジタル化されたすべての情報において距離が縮まっていくネットワークの世界において，ソーシャル・メディアを活用することで，従来の地域創生とは，異なるストーリーで新たな価値としてソーシャルデザインを創造する個人や組織を，彼らの地方創生の事例をもとに考察を行うものである．

1. デジタル革命による社会構造の変化

　ITの進化とデジタル革命は，従来の地縁，血縁中心のリアルなコミュニティを破壊する一方で新しいバーチャルなコミュニティを産み出している．

それらは，ソーシャル・メディアを活用したネットワーク内のコミュニティである．パーソナルコンピュータや携帯端末機の発達により，インターネットに常時接続できる環境となった結果，SNS（Social Networking Service）は若者のコミュニケーションツールとして定着をした．

とりわけ都市住民の生活においてソーシャル・メディアの重要性は増している．都心の若者層を中心に，ソーシャル・メディアは彼らの生活には欠かせないツールとなり，すでに日常となっていることはすでに述べたが，日本のインターネット空間における若者のソーシャル・メディアへの依存を示す言葉として「繋がりの社会性」（北田，2006）がある．北田の示す「繋がりの社会性」とは，形式的で自己充足的につながっていること自体が重要と見做す考えであり，ソーシャル・メディアを活用している若者層が有している特徴の一つといえる．

一方で日本の社会構造を大きく変化させている要因として少子高齢化があるが，人口減少に伴う地域コミュニティの衰退は日本全体の未来へ影響を及ぼす重要なファクターとなっており，日本の多くの地区で地域コミュニティの維持が難しくなると予想されている．

コミュニティの崩壊は人口が集中する都市においても同様である．都市の人口構成における単身者の増加は，都市の生活様式を変化させた．他人との関係性の希薄化から従来の互酬性や信頼性に基づくコミュニティの消失が起きている．

そのため社会的集団や組織との関係を維持しながら社会生活を営むことが難しくなっている．これらに対して，政府をはじめとしたさまざまな組織が，地域活性化と地域コミュニティ再生への取り組みを行っているが，効果的な事例は少ないのが現状である．

2. デジタル革命におけるストーリーの重要性

　デジタル革命によって，個々のデバイスが持つ情報がインターネットをはじめとするネットワーク技術と融合することが可能となった．これにより，コンピュータ本来の能力がネットワークにつながることで十二分に発揮される環境が整ったことになる．

　まさにこの「つながる力」こそ，情報を力に変換する条件であると筆者は考える．しかしながら単なる情報の集積では，ただの情報過多であり，その中から，有益な情報とそうでない情報を区別する必要がある．そのため，その集積された情報を解釈し，人々を共感・共創によって未来へ向けたイノベーティブな力として収斂する「つなげる力」が重要である．「つなげる力」とは，つまり情報をつなぎ合わせて，またそれらの情報からエッセンスを抽出し，ストーリーとして可視化し，人々に提示・認識され，共感を獲得することによって，はじめて力として活用できる．また，その力を行使した結果も情報としてフィードバックされ，更なるイノベーティブな力とすることで，再利用される知識循環型モデルと考える．ストーリーの可視化は，未来への展望やビジョンを示すことで，自らの成長や拡大につなげる行為であり，意志ある未来獲得を目指すアプローチとして有効と考える．

　誰もが共感するストーリーを情報から抽出し未来を創造する「つなげる力」は，デジタル革命の時代，必須の能力となると筆者は考察する．

　地域活性化に関するモデルについては，経済的側面から論じたものが多く，地域ごとに異なる特性を持つため，画一的なモデルケースで対処することは難しい．なぜならば，地域活性化にはさまざまなステイクホルダーが関係する．また，これらを包括的に捉えるデザインモデルが少ないことも原因である．

　地域資源の考え方として地形・地勢（GEO），生態（BIO），歴史・文化・人間社会（SOCIO）という観点から編集するソシオ資源というフレームがあ

るが，地勢的な背景をベースとして，その地域の生態系や人間の営みを含めた歴史を俯瞰した地域デザインといえる．

この歴史的背景という時間軸を取り入れたフレームはレガシーコンテンツを再整理して付加価値を産み出す点では有意であると考える．

時間軸での再編集という視点と同様に重要な要素としてストーリーがある．物語の共通構造（David E. Rumelhart, 1987）でラメルハート（Rumelhart）は，「物語とは人間の心的機構に由来する普遍的な規則に従った意味のシーケンスだ」と主張し，1970年代以降，心理学，脳科学，哲学，言語学，社会学，医療，情報工学，人類学，経営学などさまざまな分野において人間の心的能力においてストーリー性，物語性というものがもたらすインパクトについて知見が蓄積されており，近年は，製品や消費にモノガタリを持たせることで生活者への訴求を図る手法として，商品開発物語などビジネスにも応用されている．

これら現場から集積されたデータを根拠として，不特定多数の対象者に対する共感を求めるには，分かりやすいストーリーによる可視化が必要である．

パットナム（Putnam, 2000）は，物質的資本や人的資本と同様にソーシャル・キャピタルとしての社会的ネットワークが価値を持つとした．また，ソーシャル・キャピタルの形式で，最も重要なものとして，異質のものを結びつける橋渡し型（ブリッジング）と，同系の者たちを結びつける結束型（ボンディング）の2つのタイプを挙げている．

ブリッジングの重要性について松田（2017）は，情報社会におけるイノベーションを引き起こすリーダーシップとして，ブリッジング・リーダーシップを提唱している．これは，オーナーシップに基づいて共創（Co-CREATION）に達するリーダーシップモデルである．

また，ネットワークを橋渡しする重要性に関しては，マーク・グラノヴェター（Mark Granovetter, 1973）の「弱い紐帯」ほど，重要で有益をもたらすという「弱い紐帯の強み」やロナルド・S・バート（Burt, 1992）が「競争の社会的構造：構造的空隙の理論」で提示したソーシャル・キャピタルがネット

上の「構造的空隙（ストラクチャラル・ホール）」によって関係つけられると論じているように，相互のネットワーク間の空隙には必ずこれらを橋渡し（ブリッジング）する個人や小人数グループが存在し，この存在が，ソーシャル・キャピタルの潜在力の鍵を握っているとの考えが示されている．

また，風習やしがらみに捕らわれないイノベーションの必要性を多くの識者が指摘するが，イノベーションに必要な内部の既知と外部からの既知を融合させるブリッジング，いわゆる「つなげる力」を有したストーリーについては，あまり言及されていない．

筆者はその点においても，人間の行動の根底には行動を正当化するストーリーが必要不可欠な存在であると考える．

3. 個人と個人とをつなげるソーシャルデザイン

3-1. 都市住民と地域住民をつなげる力で古民家再生するソーシャルデザイン

SNSやクラウドファンディングといったツールの発達により，都市住民と地域住民をブリッジングすることが可能となってきた．人口減少による地域コミュニティの衰退は，日本全体の未来に影響を及ぼす重要なファクターとなっていることはすでに述べた．

これらの課題に対して，また，同じ空間を共有する「共感・共創・共有」の関係性に基づき地域活性化をする事例として，Share Village Projectを主催する武田昌大（1985年秋田県生まれ，以下武田）を取り上げる．秋田県出身の武田は都会でゲームクリエーターとして働いていたが，ニュースで秋田県の高齢化が全国1位であり，2040年に全市町村の95%が消滅懸念ありという結果を知り，25歳で起業を決意する[1]．

人が住まない，維持費が高いという理由から秋田県五城目町にある築100年を越す茅葺屋根の古民家が解体されるという話より武田のソーシャルデザ

図9-1　シェアビレッジ町村外観

（出所）Share Village project　HPより．

イン創造への取り組みが始まる．都市住民と地域住民をITでつなぐ試みとして，当時始まったばかりのクラウドファンディング[2]を使って，地域で維持できなくなった古民家を1つの村に見立て自分たちの村を作ろうとSNSで呼びかけた（図9-1）．

SNSで仮想の村民を集め，古民家の維持費を大勢で少額を負担するだけでなく，日本各地の古民家を村と見立て，複数の「ふる里」をセレクトして「里帰」を行えるシェアビレッジという概念は，日本各地に残る歴史ある古民家の保全と日本の原風景を次の100年も残すことを目的とした構想である．「村民1000名募集します」と2015年2月27日から45日間行われた古民家再生プロジェクトは，目標金額100万円に対して865名から571万円の

表9-1　クラウドファンディングでのエリア別支援者数上位5位

町村 Project　Top 5

	エリア		村民数（単位：人）
NO 1	東京	関東	337
NO 2	秋田	東北	222
NO 3	神奈川	関東	99
NO 4	埼玉	関東	44
NO 5	千葉	関東	44

仁尾 Project　Top 5

	エリア		村民数（単位：人）
NO 1	東京	関東	255
NO 2	秋田	東北	100
NO 3	神奈川	関東	73
NO 4	香川	四国	61
NO 5	千葉	関東	25

（出所）武田氏提供資料から筆者作成．

資金調達に成功した．秋田県の名も知らぬ古民家再生プロジェクトに対し，地元の秋田からは222名もの支援があったが，最も支援したのは，都市住民であった．首都圏の内訳として，東京337名，神奈川99名，千葉44名，埼玉44名と関東圏で合計524名（全支援者の60.57%）という結果であった（表9-1）．この結果から，特定の地域に限定した資金調達には限界があることが明らかとなった．同様に第二村として行った香川県のプロジェクトも目標金額300万円に対して最終的には353万円の資金調達に成功している．このケースでも742名の支援者の内，382名は関東圏という結果であった（表9-2）．

表9-2　クラウドファンディングで年貢を納めた村民の地域別集計表

	秋田PJ	香川PJ	村民合計	構成比
北海道	5人	7人	12人	0.75%
東北	257人	141人	398人	24.77%
関東	524人	382人	906人	56.38%
中部	27人	38人	65人	4.04%
関西	30人	47人	77人	4.79%
中国	5人	12人	17人	1.06%
四国	11人	107人	118人	7.34%
九州	6人	8人	14人	0.87%
全国計	865人	742人	1607人	100.00%

（出所）武田氏提供資料から筆者作成．

　これらのことから，クラウドファンディングが，地方創生のプロジェクトに対し地域を越えた支援者を募ることが可能なツールであることは明らかである．

　プロジェクトの告知や拡散は，インターネット記事やFacebookを中心に行われる．クラウドファンドによる資金調達では，募集者の持つ弱い紐帯によるネットワーク，すなわちFacebookであれば，潜在的な協力者である友達の数が重要となってくる．武田から始まる弱い紐帯によるネットワークは，友達の友達と乗数的に情報伝播され「つなげる力」としてプロジェクトの成功確率を押し上げる効果が期待できる．

このようにインターネットやソーシャル・メディアの活用は，地域活性化へ有効である利点が認められる．

3-2. 個人と個人をつなげるストーリー

一方で，SNSの活用は受け手が共感し，その発信された情報に対してつながっておきたいと欲する要素を盛り込む必要がある．地方創生のプロジェクトの多くは，SNSの活用を謳うが，殆ど有効な成果を残すことができていないのは，この点が欠落しているからだと筆者は推測する．

武田はFacebookを中心に常に情報発信をしている．クラウドファンディング実施期間は，いかに注目されているプロジェクトであるかをアピールするため，各種講演や地方紙・地方雑誌のインタビューに頻繁に応じている．

武田はメディアの活用として地方紙から全国紙，そしてTV番組といった順で徐々に話題性を盛り上げる戦略を取っており，受け手の村民に規模の拡大と成長を感じられるように工夫をしている．単なる情報の発信ではなく，常に受け手を意識したユニークな視点とエンターテインメント性の高い情報によって，都市住民とプロジェクトをブリッジングしているといえる．

武田はこのことをゲーム的要素と表現しているが，これこそソーシャル・メディアを活用しての地域活性を行う場合の成功要素であると筆者は考えている．

武田の事例がユニークな点は，ネットの先にいる個人の特性を見据えているところにある．「村があるから村民がいるのではなく，村民がいるから村ができる」と個を主体とした新たなソーシャルデザインを提示している．

このシェアビレッジ構想における母集団は，「都会の生活に疲れた」「田舎暮らしに憧れる」「田舎を持たない」都市住民である．彼らへの情報発信には，ソーシャル・メディアは非常に有効な手段である．村長の武田の構想に共感して集う村民は，インターネット内のバーチャルなコミュニティとして形成される．ホームページを開設し，クラウドファンディングを使って村民募集を兼ねた資金調達は，全国を対象として募るが，資金提供者は主に東京

を中心とした構成であることはすでに述べた通りである．必然的に東京の都市住民からいかに資金調達ができる内容とするかが成否を分ける．

　都市住民は，経済優先の効率化した都市に住むが故に「癒やし」を求める傾向は強く，武田のキャッチコピーへの反応は大きい．ただし，バーチャルネットワークのコミュニティが実際に外部問題としての地域コミュニティの過疎化や衰退の問題に関わることは稀である．このような武田の試みは，従来の地域活性化に見られる地域生産者中心の町おこしに外部から購入者を集客し，成立させる関係性とは，全く異なる新しいアプローチである．

　また，従来型のプロジェクトのように，他場所の成功経験を新しい地域で活かせないデメリットも解消されている．一度成功したプロジェクトの母集団とその際，蓄積された情報は，次のプロジェクトへ再活用することができるため，成功確率を上げる循環システムを形成している．それによって事業の継続性を担保することが可能となる．筆者は，今後，この事例にあるように，SNSを使ったクラウドファンディングの特性に注目して，プラットフォーム化することで，さまざまな地域のプロジェクトを成功させるプロデューサー的な職業が成立する可能性を予測する．また，クラウドファンドで生計を立てる者がでてくることも予測されるが，筆者は，このような職業や人物をクラウドファインダー（CrowdFinder）と呼称したい．

　武田は，ソーシャル・メディアを使った活動の際，物事を常に逆から考えることで，受け取る側に新しさや新鮮な驚きを与えること，また，特定の団体との連携や助成を受けないことで，独自性を保持するように心がけていると語る．

　武田は「ゼロから何かを産み出すことができる人」が地域活性化に必要な人材と考えており，メンバーとなった村民には「おもてなしなし」を表明しており，自立型でそれぞれに楽しみ方や目的を持った参加を望んでいると語る．本事例の特徴は，日本の原風景を次の100年もというストーリーと並んで地域コミュニティの時間と空間の共有，またその中で村民としてつながっていることへの価値を提供している点にある．まさに，デジタル革命によって，人やモノがネットワークにリアルタイムで接続されることで情報の取

得,分析が容易になり,そのフィードバックとして再利用できる知識循環型モデルの仕組みがあってこそ成立するプロジェクトであるといえる.

4. 組織と組織とをつなげるソーシャルデザイン

4-1. 地方都市と都市住民とをつなげるソーシャルデザイン

少子高齢化に伴う地域の活力低下は,日本の巨大市場である首都圏の近隣都市においても無縁な問題ではない.横須賀市のように,東京近郊という立地の優位性があり,自身も人口約40万人の市内市場の規模を誇る地域ですら,20歳～30歳代の若い年齢層の市外への流出に伴う超高齢化・人口減少社会に直面していることからも明らかである.平成27年度版横須賀市統計表によると,横須賀市の人口は,1992年の435,337人をピークにして,2015年は,403,386人と△31,951人と1992年対比で7.34％減少し,現在は40万人台で推移しており,この減少傾向は今後も続くと予想されている(図9-2).

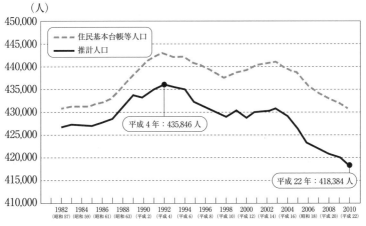

図9-2 横須賀市の人口の長期的推移

(出所)横須賀市HP横須賀市基本計画(2011～2021)より引用.

また，人口は社会増減（転入と転出の差）も自然増減（出生と死亡の差）も共に前年対比で減少を示しており，社会増減の年代別分析では20歳〜30歳代の流出傾向が強い結果となっている．

横須賀市のこれまでの施策は，旧軍港市転換法に基づく旧軍施設の産業施設への転活用に始まる．丘陵地帯への団地造成によって定住人口の社会増を図り，それに伴う自然増へつなげる目論みであった．

このように当時の横須賀市のデザインとは，太平洋ベルトの中核である京浜工業地帯の拡大に合わせた成長戦略であり，日本の重化学工業や自動車産業といった製造業の成長に伴い東海道沿いの藤沢市，平塚市，茅ケ崎市と歩調を合わせていく横並びの戦略であった．

しかし，グローバル化による競争激化は，大手自動車製造業が主要な機能を市外に移転させたことに始まり，大型商業施設の一部閉館など，大手企業の誘致に頼る成長戦略は限界を迎えている．

定住人口の減少に歯止めをかけるための企業誘致であったが，戦前は軍港として，戦後は進駐軍に要地を接収されたこともあり，もともと民間企業が少ない土地柄に加え，半島という平地の少なさなどからも重工長大の産業誘致には物理的に向いていなかった．

2010年の国勢調査結果によると横須賀市の就業者数は178,757人であり，2005年調査と比較して20,714人，△10.4%減少している．横須賀市の65歳以上の人口の割合は25.2%であり，神奈川県の20.2%からも大きく上回っており，全国平均23.0%と比較してもその深刻さが読み取れる．

2015年の神奈川県年齢別人口統計調査の結果では更に数値が高くなり，神奈川県23.4%に対して横須賀市は29.1%となっている（表9-3）．また，65歳以上の単身世帯は横須賀市単身者の40%を占めており，超高齢化社会への対応は急務となっている．

このような事態を打開すべく，横須賀市は今後の成長戦略の柱として，産業誘致から観光立市へ方針転換を行い，ネットワーク構築型の地域活性化モデルとして地元の業者，市民を巻き込んだ魅力開発に挑戦している．

第 9 章　デジタル革命における「つなげる力」としてのストーリーという視点について　189

表 9-3　老年人口（65 歳以上）割合

順位	市名	割合（%）	順位	市名	割合（%）
1	三浦市	34.7	11	伊勢原市	23.5
2	逗子市	31.0		神奈川県	23.4
3	鎌倉市	30.4	12	座間市	23.3
4	横須賀市	29.1	13	相模原市	23.2
5	南足柄市	28.6	14	横浜市	23.1
6	小田原市	27.2	15	海老名市	22.8
7	秦野市	25.5	16	藤沢市	22.7
8	平塚市	25.4	17	大和市	22.5
9	綾瀬市	25.0	18	厚木市	22.3
10	茅ヶ崎市	24.6	19	川崎市	19.0

（出所）横須賀市 HP 神奈川県「年齢別人口統計調査」より引用．

「私たちは，観光が産業の柱となる「観光立市」を目指します」という横須賀市観光立市推進基本計画のタイトルより上に掲げられた宣言が，国や企業に依存したハードを中心とした産業都市からの脱却を行い，地域の価値を資源とするソフトを中心にした産業基盤への転換の意思を示している．観光が期待を集める要因としては，地方の定住人口の減少を補う手法として，経済的なリソースを有する都市住民を呼び込み交流人口を増加させることが比較的容易であると考えられている点にある．

一方で，本来の地域創生とは，他の地域を真似たイベントを行うことでも，B 級グルメを拡販することでもなく，その土地で生活する人々の営みに光をあて，土地に誇りを持てるコミュニティを再生することにあると筆者は考えるが，そのためには，その地域の生活者の営みや背景としての歴史や文化として，時間をかけて育まれた独自の価値を捉え直す視点でのストーリーを提示する必要がある．

4-2．土地の歴史と現代をつなげるソーシャルデザイン

横須賀が，日本有数の観光地であったと聞くと奇異に感じるが，幕末期から明治期にかけて日本の発展の原動力となり，日本の産業革命の起点であったといえる．横須賀市は，日本有数の観光地であった過去を，製造業を中心

とした産業都市へと変容をしていくことで記憶から消してしまっている．

　明治期に大いに売れたとされる横須賀式覧図には，僅か三十数戸の海辺の一漁村が，造船所を設けてから十数年でこれほど隆盛の小都市となったことへの驚きが解説文として記されている．

　これは，浦賀にペリーの来航により，当時の江戸幕府が国防の重要性を認識し，長崎の幕府海軍伝習所に代わる本格的な軍港の必要に迫られたことから始まる．

　一方で，日本への商業的な進出競争が，アメリカ・イギリスに比べ立ち遅れていたフランスは，ナポレオン三世の命により，在日フランス公使レオン・ロッシュに積極的な幕府への働きかけを命じている．その結果，幕府は造船所の建設をロッシュへ委嘱することとなり，ロッシュの推薦で，フランス人技師フランソア・レオンス・ヴェルニーの指導のもとに造船所の建設が始まった．

　当初，長浦湾に設ける予定であったが，横須賀湾が，海深，地形，土質共に造船所造りに最適であることが判明したことにより横須賀での建設が決まっている．

　横須賀の開発は造船所を中心に始まるが，造船のための必要な資材である，鉄製品，木工品，帆布，ロープまですべて作り出す必要があった．そのため日本初の職場内学校としてフランスのエコール・ポリテクニク（理工科大学）を範にした黌舎（こうしゃ）と呼ばれる職工学校を設けて5年間フランス語，数学，物理，造船技術を学ばせている．

　さらに上級クラスの学校として機関学校も設けており，芥川龍之介が英語を教え，中島飛行機の創業者中島知久平が機関学校の卒業生という逸話も残る．

　先の「横須賀式覧図」は，明治期に全国から最先端技術を誇る横須賀製鉄所の見学者用に作られたガイドマップであった．同様に横須賀港独案内（1888年，武井一郎）と横須賀繁昌記（1888年，井上鴨西）という横須賀のガイドブック的な書物も相次いで発刊されている．また，観光客の受け入れ態勢

として，造船所前に一新講，開運講という旅館が設けられ，造船所構内の案内などを行っていた．

このように横須賀は，造船所や製鉄所といった最新の西洋技術に触れられる一大展示場として日本の殖産興業をリードする役割を担っていた．また，観光客の集客にはアクセスの容易さも重要となるが，横須賀は，旧・日本海軍の一大拠点となったことにより，東京・横浜・横須賀を鉄道で結ぶ計画として，横須賀線が1889年6月16日に開業したことも大きな要因として挙げられる．

かつての横須賀の歴史を掘り起こせば，当時，すでに集客のためのコンテンツと広告媒体を活用した宣伝活動，交通手段の充実，また現地での受け入れ態勢も整備されており，港にはYOKOSUKA軍港めぐりの原型ともいえる遊覧船も存在していたことからも，横須賀が観光地であったことは明らかである．

このように横須賀は，明治期の日本における近代産業のシンボルであり，来訪者に対して，未来の日本を予感させる成長ストーリーを分かりやすく体感できる日本唯一の場所であったことが分かる．現代の横須賀も旧・日本海軍の軍事遺産という視点だけではない近代産業のシンボルとしての歴史を掘り起こし，関係性を再構築して，横須賀市のストーリーを新たに創り出す必要があると考える．

4-3. 組織と組織をつなげるストーリー

少子高齢化をいち早く迎えている横須賀市の現状はすでに述べたが，相次ぐ製造業の撤退に代わる新たな産業の育成が求められている．観光立市よこすかは，2014年に横須賀市観光立市推進条例を定め，その実現に向けて，観光事業者，観光関係団体，市民，市などが協力し合い，市内に点在する歴史の掘り起こしから始めている．

横須賀市全体を観光資源の価値を理解し，魅力を高めるように努めることで，観光を横須賀市の新たな産業として成長させる取り組みである．

横須賀市観光立市推進基本計画によると6つの基本戦略として観光魅力創出戦略，観光需要獲得戦略，受入環境充実戦略，観光情報発信戦略，広域連携推進戦略，推進主体強化戦略を定めている．

これらは，推進主体の強化戦略と受入環境充実戦略をベースとして観光魅力創出戦略によって観光需要を獲得する計画である．そのためには，外部との「つながる力」として広報連携推進戦略を進めつつも自身も観光情報を発信し続けるつなげる努力を行うことで，スケールアウト（拡散・増殖）する手法である．

巨大なコンテンツを開発してコンテンツ単体での集客をスケールアップする観光地化とは一線を画す，地元の業者市民を主役に定めた戦略として成立する可能性がある点に筆者は注目している．

横須賀市観光立市推進基本戦略と計画は，対象期間は2016年度から2025年度までの10年間で目標数値として観光客1,000万人，観光客消費額636億円としている．

観光客の情報の蓄積と分析は従来の固定観念を打ち破るエビデンスとして有効である事例としては，次のようなものがある．

これまで横須賀市への観光客の多くは市内，横浜市，大田区などの東京南部といった県内近隣地域からの日帰り客と考えられており，横浜や箱根を訪れる途中の観光地として，ニッチな需要を掘り起こしてきた．

しかし，現地の情報を収集すると，横須賀市の大きな集客力となっている猿島，観音崎公園，三笠公園，くりはま花の国，YOKOSUKA軍港めぐりは，はとバスツアーなどの東京からの直接，横須賀を観光する日帰りツアーなどインバウンドを含めた需要が大きいことが明らかになってきた．これらの情報をもとに，横須賀市の観光企画課は，東京南部からの集客エリアを越えて埼玉県などからの観光客の集客にも意欲を見せている[3]．

また，市内外の組織を観光立市よこすかというストーリーによってネットワーク化することで，ニッチな地域資源を多層的に組み合わせ，多くの観光客のニーズに対応できる柔軟な地域形成を目指している．

第 9 章　デジタル革命における「つなげる力」としてのストーリーという視点について　193

図 9-3　猿島入園者数の推移

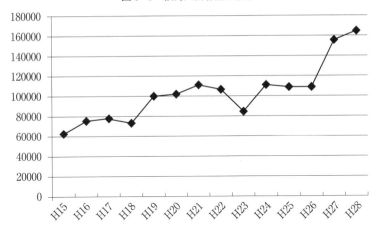

(出所) 横須賀市公園管理課提供資料より筆者作成．

図 9-4　NPO 法人よこすかシティガイド協会

(出所) 筆者撮影 (2016.12.3)．

観光事業者，観光団体，市民，市の役割と責務を明確にすることで，観光魅力創出戦略としての地域資源の魅力を継続的に創り出す仕組みを構築する循環型のシステムをデザインしようとしている．現在，横須賀市で大きな集客となりつつあるのは，東京湾唯一の無人島である猿島とYOKOSUKA軍港めぐりであり，株式会社トライアングルが担当している（図9-3）．また，猿島や三笠公園等でその文化・歴史的背景や由来を丁寧に説明しているのが，NPO法人よこすかシティガイド協会やその他のガイド組織である（図9-4）．このようにさまざまな組織が相互補完的に連携することによって，より多くの観光客のニーズへの対応を試みている．

　この猿島について少し述べると，猿島は，現在の三笠公園沖1.7km沖にある東京湾唯一の自然島であり，東西200m，南北450mの小さな島である．元々は十島と言い，現在の猿島を中心の大小十程度の島（満潮時は水没している）を指していた．後に豊島と名称を変えるこの島は，縄文・弥生時代の貝塚からの出土品があることからも，昔から漁の際に休憩を取る場所として，また，海が荒れた際に一時避難をする島として使われていたことが分かっている．猿島という名称は1253年（建長5年）房州から鎌倉に舟で渡ろうとした日蓮が嵐にあった際に白猿に導かれて島の洞窟で一夜を明かしたという逸話からきている．ペリー来航の際には，ペリー自身がペリーアイランドと名称をつけてアメリカ本国に報告された歴史がある．他にも春日神社の白ヘビの昔話など，海軍以外にも様々な逸話の残る島である．ペリー来航により，日本は日本海側からの中国大陸からの驚異よりも，太平洋からの驚異への対応に迫られた．当時，欧州では産業革命によって飛躍的に生産性が高まったことにより東インド会社をはじめとして海外市場への展開を図っていた．また，清国がアヘン戦争でイギリスに敗北するなど，首都圏防衛の意識も強くなされ，東京湾に人工島を設けてそこに大砲を設置する東京湾要塞が実行されたが，実戦を行うことは無かったという．幕府の設置した砲台は台風などの影響で度々崩壊するという事態となり，後に幕府から引き継いだ陸軍省も猿島砲台を関東大震災による被害で放棄することになる．

第9章　デジタル革命における「つなげる力」としてのストーリーという視点について　195

　しばらく無人島であった猿島であったが，海軍省から横須賀鎮守府の要塞として猿島の要塞化は進んでいく．現在，愛のトンネルとして紹介されているが，島のほぼ中央から第一砲台まで続く，全長90m，幅4m，高さ4.3mの南側弾薬庫跡は，トンネルでは無く，2階建ての煉瓦作りの建物を構築した後に埋め戻したものである（図9-5(1)(2)）．海軍省は当初この島全体の設備を地下に埋める要塞を計画していたが資金面などの問題から実行はされていない．この豊島は当時公郷村の所有地であったために海軍省へ売却されているが，村ではこれを学校建設の基金として寄付を募り，1877年に洋風な小学校を建設したとされる．現在も続く豊島小学校の前身とされている．このように，豊島はそのスタートを教育と関連している．横須賀はその歴史から海軍と結びつけるストーリーが多いが，何もない寒村からすべてを作り上げた横須賀での取り組みは教育機関と人の育成の歴史であったといえる．このような観点からストーリーを組み立てると，教育を基礎として猿島を精神的な核とした意志ある未来獲得のストーリーとして横須賀市がこれから試みる市民や地元業者が主役の観光戦略に有効だと考えることもできる．

図9-5　通称愛のトンネルとなった南側弾薬庫跡他(1)(2)

(1)　　　　　　　　　　(2)

（出所）筆者撮影（2017.3.8）．

一方で，昔からどぶ板通りとして親しまれている横須賀中央駅周辺の商店街では，アメリカらしさを体感できる方法として，支払いにアメリカドルを使用する取り組みもある．

横須賀には多くのアメリカ海軍関係者とその家族が居住しており，身近な海外としてアメリカの文化や雰囲気を味わえる異文化交流的ストーリーも成立すると考える．

横須賀市役所・横須賀商工会議所・海上自衛隊が協力連携した試みとしては，1908年に発行された海軍割烹術参考書のレシピを再現した，よこすか海軍カレーの店舗が多数営業している．これらは1999年の横須賀市「カレーの街宣言」として取り組んだカレーによる街おこしの成果である．2015年からは，海上自衛隊の艦艇内や基地ごとに作られるカレーを再現した横須賀海上自衛隊カレーも展開しており，ガイドブックの作成や，食べ歩きのスタンプラリーを開催して，地元企業と市や商工会議所，海上自衛隊とネットワークが拡大している．

企業だけでなく，横須賀市民にもSNSを通じて横須賀市の良さを外部へアピールする宣伝員としてのサポートを期待している．SNSを使い友達の友達と乗数的なネットワークの拡大を期待している．

このように横須賀市は既存のコンテンツを開発・魅力化するために，横須賀市内の組織と組織をネットワークとして組み合わせ，1つの横須賀市の観光資源としようと試みている．

横須賀市の観光立市への取り組みは既存のコンテンツを中心的な地域資源として魅力を発揮しつつも，特定の地域資源に特化・依存せずに様々な地域資源の発掘・磨き上げを繰り返しながら，次の「中心的な地域資源の魅力」となりうるニッチな地域資源の魅力をつくり続けるとしており，観光産業の成長の結果として，市民生活の安定向上と横須賀市の経済発展また，観光を通じた国際相互理解の増進に寄与することを横須賀ストーリーとして取り組んでいる．これまでの横須賀市の製造業中心であった産業構造を，市民や地元業者をネットワークへ組み込んだ観光産業へ大転換するイノベーションを

起こすことを目的としている．

横須賀市のつなげる力は，市外へと展開し始めている．2016年4月，かつての旧・日本海軍の鎮守府であった横須賀・呉・佐世保・舞鶴が連帯して「鎮守府　横須賀・呉・佐世保・舞鶴　～日本近代化の躍動を体感できるまち～」として日本遺産（Japan Heritage）への登録を果たしている．若干，レガシーコンテンツに頼り過ぎている嫌いはあるが，個々の都市が情報を発信し，有用な情報を集積分析することで，新たな連携が生まれ，情報が再構築され活用される横須賀市の事例は，北前船の寄港地としての連携など，既に全国で同様の取り組みが始まるなどその影響が波及し始めている．

これまでデジタル化やネットワーク化の恩恵を受けることが少なかった地方創生の取り組みへの活用として地域の資源をソーシャルデザインとして再構築する動きに筆者は期待をしている．

おわりに

デジタル革命における「つながる力」と「つなげる力」のソーシャルデザインに関して，2つの事例を基に考察を行った．1つは，個人と個人との「つながる力」で過疎化という社会問題解決への取り組み事例であり，もう1つは，組織と組織とを「つなげる力」で人口減少という社会問題への取り組み事例である．いずれの取り組みも，デジタル革命の時代において，知識循環型モデルの構築，つまりは，情報を一方的に消費するのではなく，日々蓄積されていく情報を分析し，構造化することで再利用を効率的に行うという，循環型の社会構造へのモデルチェンジへの試みであった．

これら，既成の組織や伝統的な手法に縛られない自由度の高いデザイン思考による取り組みは，共創領域の拡大と新たなモデル構築が必要であり，現在は黎明期に位置していることが分かる．

デジタル革命における「つなげる力」とは，多様性のあるつながりによ

り，新しい付加価値を創出する可能性を秘めており，これまではネットワークから孤立していた情報やコミュニティまたは，お互いに対立関係にあった組織や利害関係者もその関係性において共通利益を可視化することで融合が可能となり，人間中心の課題解決型の社会を構成する期待を抱かせる．

いずれにしても，その根底には，集積された情報から有用なものを結びつけ「可視化」をしなければ，認知されず，つなげる力としては機能しないと考える．更には，それらが共感をもって大勢の人々に共有される必要があり，そのためのストーリーがより重要となってくることを述べてきた．

最終的には，それらを情報の中から見つけ出し，皆の腑に落ちるストーリーへ展開をするつなげる力を持つブリッジングリーダーの存在が重要となってくることを記しておきたい．

1) 3節のシェアビレッジに関する記述は，プロジェクト主催者である武田昌大氏へのインタビューに基づくものである．インタビューは学芸大学GRANDCRUにて2016年6月14日15：00〜19：00に筆者が武田氏と回答者と質問者が一対一の対面による面接方式にて実施した．
2) クラウドファンディングは，不特定多数の群衆から資金調達する仕組みである．大きくわけて「購入型」「寄付型」「金融型」がある．アメリカでは2008年に「インディゴーゴー」2009年に「キックスターター」が立ち上がり，日本でも2011年に「レディーフォー」「キャンプファイヤー」「モーションギャラリー」など多くの企業がサービスを開始している（板越，2015, 28-37頁）．
3) 4節の横須賀市に関する記述は，横須賀市環境政策部　公園管理課　千葉聡子氏，横須賀市経済部　観光企画課長である山口博之氏へのインタビュー及び株式会社トライアングル　猿島運営事業部　公園管理担当課長である細井暁史氏による猿島でのガイドに基づくものである．千葉氏へのインタビューは横須賀市市役所内，会議室にて2017/3/9, 11：00〜12：00, 山口氏へのインタビューは横須賀市内ウッドアイランドにて2017/3/9, 12：00〜13：30 また，猿島でのガイドは2017/3/9, 13：30〜15：45 それぞれ筆者と回答者と質問者が一対一の対面による面接方式にて実施した．

参 考 文 献

北田暁大（2011）『増補　広告都市・東京：その誕生と死』ちくま学芸文庫．
David E. Rumelhart（1975）Notes on a schema for stories. In D.G. Bobrow, & A. Collins (Eds.), Representation and understanding: Studies in cognitive science. New York:

Academic Press, pp.211-236

Putnam, R.D.(2000)*Bowling Alone: The Collapse and Revival of American Community*, Simon& Schuster.（柴内康文訳『孤独なボウリング』柏書房，2006年）.

松田壮史（2017）ソーシャルネットワークを活用した都市住民と地域住民をブリッジングする新しい地域デザイン，地域デザイン学会誌　地域デザイン No.9，pp.175-192

松田壮史（2017）ブリッジング・リーダーシップ研究におけるモデル構築と検証，情報社会学会学会誌 vol.12 No.1，pp.93-102

Granovetter, M.(1973)"The Strength of Weak Ties," American Journal of Sociology, Vol.78, pp.1360-1380.（野沢慎司編・監訳『リーディングス　ネットワーク論―家族・コミュニティ・社会関係資本』勁草書房，2006年）.

Ronald, S.Burt.(1992) Structural Holes-The Social Structure of Competition, Harvard University Press.（安田雪訳『競争の社会的構造：構造的空隙の理論』新曜社，2006年）.

Share village HP「SHARE VILLAGE ―年貢を納めて村民に？! シェアビレッジ，村民1,000人募集します」，http://sharevillage.jp/（2017.7.10 アクセス）.

神奈川県「年齢別人口統計調査」横須賀市 HP

http://www.city.yokosuka.kanagawa.jp/0110/upi/kihonkeikaku/（2017.3.31 アクセス）.

横須賀市 HP

https://www.city.yokosuka.kanagawa.jp/4402/sangyou_vision/（2017.3.31 最終アクセス）.

横須賀市『巡ってみよう横須賀の軍事遺産』株式会社 JTB パブリック.

山本詔一（2003）『ヨコスカ開国物語』神奈川新聞社.

横須賀市基本計画（2011〜2021）横須賀市 HP,

http://www.city.yokosuka.kanagawa.jp/0110/upi/kihonkeikaku/（2017.3.31 アクセス）.

カレーの街よこすか加盟店公式 Web サイト HP

http://kaigun-curry.net/（2017.3.31 最終アクセス）.

文化庁 HP　「日本遺産（Japan-Heritage）」について

http://www.bunka.go.jp/seisaku/bunkazai/nihon_isan/index.html（2017.3.31 最終アクセス）.

板越ジョージ（2015）『日本人のためのクラウドファンディング入門』フォレスト出版.

第 10 章

食と食文化によるインバウンド観光促進について
――訪日中国人の観光市場の開拓について――

陳 雪 瑞

はじめに

日本は自然・文化・気候・食という観光振興に必要な4つの条件を兼ね備えた,世界でも数少ない国の一つであり,観光分野がさらに成長していくポテンシャルを有している.世界経済フォーラムが発表した2015年の「観光潜在力ランキング」によると,日本の潜在力は2008年の第23位から9位へと躍進を遂げたが,観光収入ランキング上位15ヶ国の平均の3分の1しかない.世界有数の観光大国になりうる潜在力をもちながら,その強みを発揮できていないといえよう.ただし,これを裏返せば,日本を訪れる外国人観光客はまだまだ増えていく可能性が大きいと考えられる.

また,和食は2013年「和食;日本人の伝統的な食文化」としてユネスコの無形文化遺産に登録され,世界の人々の関心が高まっている.日本の食や食文化は国際観光の中でも大きな観光資源として注目されている.インバウンド拡大の極めて大きな要素と期待されている.

政府は,平成28年3月に策定された「明日の日本を支える観光ビジョン」において,平成32年までに訪日外国人旅行者を4,000万人とし,同旅行者

による消費額を8兆円とする目標を掲げており，その目標の実現において，中国市場の存在感は決して無視できない．急速な経済成長とともに，海外旅行がブームになり，その中，訪日中国人観光客も年々増加している．観光消費行動も注目を浴びている．中国人の訪日市場の成熟化とともに，消費行動も多様化しつつある．従来の「モノ消費」から食事や体験などの「コト消費」へシフトしている．巨大な中国マーケットの開拓においては，日本の食や食文化が重要な観光資源になると考えられる．

1. 世界及び日本の観光市場

UNWTO（国連世界観光機関）の2016年の発表によると，2015年の世界全体の国際観光客は前年より5,000万人増（前年比4.4％増）となり11.8億人を記録した．2009年はリーマンショックの影響から減少したが，それ以降は6年連続での増加となった．2014年の外国人旅行者受入数は2013年に引き続き，フランスが8,370万人で1位となり，米国が7,476万人で2位であった．日本は1,341万人（22位（アジアで7位））となり，人数と順位ともに上昇した．なお，2015年の訪日外国人旅行者数は，1,974万人（前年比47.1％増）となり，3年連続で過去最高を更新した．2014年時点では世界で第16位（アジアで第5位）に相当する．

また，2014年の各国・地域の国際観光収入については，米国が1,772億ドル，スペインが652億ドルで，それぞれ1位及び2位であった．中国が569億ドルで3位，フランスが554億ドルで4位となった．日本は189億ドルで17位（アジアで8位）となった．なお，2015年は255億ドルであり，国際観光収入ランキングの順位を上げたが，上位の国とは相当の差がまだ存在している．

観光産業がGDPに占める割合と雇用への影響を見ると，日本の観光GDPが名目GDPに占める割合は7.5％，雇用数に対する観光産業関連雇用数の

割合は 7.0% といずれも世界平均（世界平均では GDP への寄与の平均が 9.8%，雇用への影響の平均が 9.4%）より低い．

2014 年の各国・地域の国際観光支出については，中国が 1,649 億ドルで 1 位，米国が 1,108 億ドルで 2 位，ドイツが 922 億ドルで 3 位となった．日本は 193 億ドルで 17 位（アジアで 5 位）となった．2013 年の 220 億ドル（12 位（アジアで 3 位））から金額と順位とも下降した．2015 年はさらに下降して 162 億ドルとなった．

2. 2015 年の訪日外国人観光市場

2015 年の訪日外国人旅行消費の総額は，前年の 2 兆 278 億円から 71.5% 増の 3 兆 4,771 億円と推計され，過去最高額を記録している．表 10-1 は費目別の旅行消費額（2015/2016）を表したものである．2015 年の費目別旅行消費額をみると，飲食費が 7,574 億円で構成比 20.2% と第 3 位となったが，前年比 18.0% と伸び率が一番高い．また，買物代が 1 兆 4,261 億円で構成比 38.1% と突出しているが，前年に比べ 1.9% 減少している．これは中国人旅行者のいわゆる「爆買い」という消費行動が飲食などの「コト消費」へシフトしていることが一因とみられる．また，訪日外国人旅行者の訪日旅行に

表 10-1　訪日外国人旅行者の旅行消費額（費目別）　　　　（億円）

費目	2015 年		2016 年		
	消費額	構成比	消費額	構成比	伸び率
宿泊費	8,974	25.8%	10,140	27.1%	13.0%
飲食費	6,420	18.5%	7,574	20.2%	18.0%
交通費	3,678	10.6%	4,288	11.4%	16.6%
娯楽サービス費	1,058	3.0%	1,136	3.0%	7.4%
買物代	14,539	41.8%	14,261	38.1%	-1.9%
その他	102	0.3%	77	0.2%	-24.5%
総額	34,771	100.0%	37,476	100.0%	7.8%

（出所）『訪日外国人の消費動向　平成 28 年年次報告書』より筆者作成．

関する意識（2015年）においては,「訪日前に期待したこと」と「今回実施したこと」と「次回実施したいこと」ともに「日本食を食べる」ことが第1位となった．表10-2に示すとおりである．インバウンドの経済効果として買物代が話題となることが多いが，旅行の大きな要素である飲食費にも注目したい．

表10-2　訪日外国人旅行者の訪日旅行に関する意識（2015年）

ランキング	訪日前に期待したこと（複数回答）	訪日前に最も期待したこと（単一回答）	今回実施したこと（複数回答）	次回実施したいこと（複数回答）
1	日本食を食べる	日本食を食べる	日本食を食べる	日本食を食べる
2	ショッピング	ショッピング	ショッピング	ショッピング
3	自然・景勝地観光	自然・景勝地観光	繁華街の街歩き	温泉入浴

（出所）『訪日外国人消費動向　平成27年年次報告書』より筆者作成．

3．海外の日本食及び日本政府による日本食のセールス

近年,「日本食ブーム」は米国や欧州などの先進諸国にとどまらず，アジア諸国にも広がっている．ヘルシーなだけでなく，美味しくて見た目も美しくて，多くのバリエーションがあることが評価されている．農林水産省の推計によると，海外における日本食レストランの店舗数は，2015年7月時点で，2013年1月の約1.6倍に相当する約8万9,000店に増加した．ロシアは約1,850店（2013年の約1,200店の約1.5倍），欧州は約1万550店（2013年の約5,500店の約1.9倍），北米は約2万5,100店（2013年の約1万7,000店の約1.5倍），アジアは約4万5,300店（2013年の約2万7,000店の約1.7倍），中東は約600店（2013年の約250店の約2.4倍），アフリカは約300店（2013年の約150店の約2倍），中南米は約3,100店（2013年の約2,900店の約1.1倍），大洋州は約1,850店（2013年の約700店の約2.6倍）．

また，日本政府は日本の食をインバウンドにおいて重要な観光資源であるとの認識をもち，様々な取り組みを始めている．2015年,「日本食・食文化

の魅力発信計画―日本食魅力発信 アクションプラン10」を発表している．①日本食・食文化親善大使の制度の創設，②日本食文化サポーター制度の創設，③教育・資格認定制度の創設，④日本食の海外出店等の支援，⑤トップセールスをはじめとするクールジャパン関係府省と連携した取組，⑥外務省，在外公館，JICA，海外レストランとの連携，⑦「複合文化パッケージ」による海外発信，⑧日本特産食品認定ロゴの検討，などである．本格的な取り組みが既に始まっている．

4. 中国人の観光市場

4-1. 訪日中国人の観光市場

観光庁によると，2015年の訪日外国人旅行者は1,974万人の中，中国人が499万人（全体の25.3％）で1位となった．2位の韓国400万人（20.3％），3位の台湾368万人（18.6％）である．

また，訪日外国人旅行者による日本国内における消費額は，2012年から2015年にかけて急速に拡大し，2015年は3兆4,771億円と，前年の2兆278億円を大きく上回る71.5％増となった．その中，中国人の旅行消費額1兆4,174億円（全体の40.8％）で，初めて1兆円を超え，総額の4割を占めて，ダントツ1位となった．2位の台湾5,207億円（15.0％），3位の韓国3,008億円（8.7％）である．

費目別にみる訪日旅行消費額においては，買物が1兆4,539億円（全体の41.8％）で1位，2位が宿泊費8,974億円（25.8％），3位が飲食費6,420億円（18.5％），その次が交通費3,678億円（10.6％）である．

国籍・地域別にみる費目別旅行消費額においては，中国は買物代が8,088億円と突出して高い．その次が宿泊料金2,503億円，続いては飲食費が2,113億円となった．

4-2. 中国人の生活スタイルの変化

中国国民の所得増加や国内の経済成長などを背景に，消費市場の規模は拡大傾向にある．中国国家統計局によると，2015年度の中国における給与上昇率は＋8.4％（前年比▲0.4％），GDP成長率は＋6.9％（前年比▲0.4％），消費者物価指数（CPI）上昇率は＋1.4％（前年比▲0.6％）と，成長率は緩やかに下落しているものの，社会消費品販売総額は30兆931億人民元（≒522兆1,100億円）と，消費市場は確実に拡大している．

また，経済発展とともに，中国人の生活スタイルも変化しつつある．以下『中国生活者トレンドデータ年報2013』のデータを用いて分析を行い，中国人の生活スタイルや観光市場の変化を考察したい．

4-2-1. 中国人の食や食品においての消費行動の変化

まず，2012年に発表された「胡潤財富報告」によると，資産1,000万元以上の富裕層の人口は102万人に上った．地区別では，1位が北京で17万9,000人，2位が広東で16万7,000人，3位が上海で14万人となっている．これらの富裕層は一つの大きな潜在市場だと考えられる．また，中国国家統計局によると，中国人都市部世帯1人あたりの可処分所得は年々増加している．1人あたりの消費水準も都市部・農村ともに一貫して上昇を続けている（図10-1）．2010年，消費水準は全体で9,968元，都市部が1万5,907元，農村が4,455元となっている．都市部は1992年の2,262元から2010年の1万5,907元まで，急速的に伸びている．農村は，1992年から1995年にかけて伸びた後，1996年から2003年にかけて安定成長を続けて，2004年から一段と上向き始めている．農村の消費水準が8,000元から1万元に達するのは，2020年ごろになると予測される．

食品支出の推移（図10-2）からみると，都市部世帯1人あたりの食品支出は2001年の2,028元から2011年の5,506.3元まで，2.7倍拡大した．食品消費支出は農村においても年々増加している．2011年の2,107.3元と都市

第 10 章　食と食文化によるインバウンド観光促進について　207

図 10-1　中国都市部 1 人あたりの消費水準の推移

（出所）中国国家統計局「中国統計年鑑 2011 年版」より筆者作成．

図 10-2　中国人都市部と農村の 1 人あたりの食品支出の推移

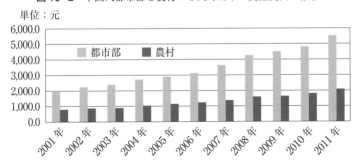

（出所）中国国家統計局「中国統計年鑑」各年版より筆者作成．

部の半分以下であるが，2001 年比で 2.5 倍となった．また，高齢化の進展や健康志向の高まりにより，健康食品市場も成長を続けている．2011 年は前年比 11.4％増となる 1,131 億元の規模に拡大した．

また，生活水準が高まるにつれ，外食行動にも変化をみせる．都市部世帯 1 人あたりの飲食サービス支出は，2005 年の 608 元から 2011 年の 1,185 元まで約 2 倍となった．伸び率は 2010 年に前年比 4.4％まで落ち込んだものの，その他の年は 10％を超えている．図 10-3 に示す通りである．

図 10-3　都市部 1 人あたりの飲食サービス支出の推移

（出所）中国国家統計局「中国統計年鑑 2011 年版」より筆者作成．

　外食習慣については，1 週間の外食頻度として，「1-3」回が最も多く 50％，次に「4-6 回」が 26.5％を占めている．一方，毎日とする割合も 14.7％に上っている．図 10-4 に示す通りである．中国人にとって外食は生活のスタイルになっていることがみてとれる．

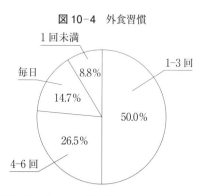

図 10-4　外食習慣

（出所）中国烹協会（2010 年 11 月，N = 1200 人）

　食品消費支出の増加や外食市場の成長とともに，食に対する健康や安全意識が高まりつつあるが，現状では約 7 割が中国の食品に不安を感じている（図 10-5 に示す通りである）．これゆえ，健康・安心・安全のある日本食を求

めるようになった．

図 10-5 中国人の食品に対する安心感

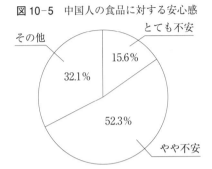

（出所）「小康」雑誌社中国全面小康研究センターより筆者作成．

4-2-2. 中国人の旅行スタイルの変化

近年，中国では旅行ブームが起こり，旅行者数は年々増加している．2001年の784万人から2011年の26億4,100万人と，10年間で3桁成長した．また，旅行支出は，2001年の3,522億元から2011年の1兆9,305億元に上り，10年間で約5倍増加した．図10-6に示す通りである．

図 10-6 旅行支出の推移

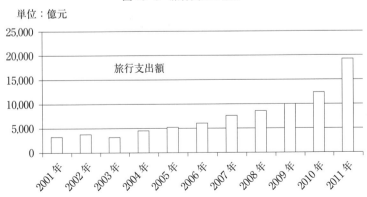

（出所）中国国家統計局「中国統計年鑑2011年版」より筆者作成．

また，過去3年の主な旅行先として，1位が「省外」で52.0%，2位が「省内」で16.9%，3位が「地元・周辺地区」で15.6%，4位が「海外」で10.1%となっている．

最も関心のあるサービスとしては，1位が「宿泊」で38.2%，2位が「交通手段」で19.9%，3位が「食事」で14.4%，4位が「ガイド」で12.1%となっている．図10-7に示す通りである．

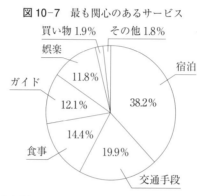

図10-7　最も関心のあるサービス

（出所）網易旅游，中山大学旅游学院のデータより筆者作成．

4-3. 考　察

訪日外国人の旅行消費が日本に大きな経済効果をもたらしている．政府の政策や海外への積極的なPRなどにより，近年訪日旅行市場が拡大し，国際収支ランキングの順位が高まっているが，世界の上位の国とは相当の差がまだ存在している．

また，2013年12月「和食；日本人の伝統的な食文化」がユネスコ無形文化遺産に登録され，日本食への関心は世界的に高まっている．日本食と食文化は重要な観光資源であることが明らかである．

また，『中国生活者トレンドデータ年報2013』のデータを用いて分析を行った結果，以下の点がわかるようになった．①中国経済発展とともに，富

裕層が増加し，国民の生活水準が高まっている．1人あたりの可処分所得は年々増加している．②食品などの消費支出も著しく増加している．③外食は一つの生活スタイルになっている．④中国人は中国の食品の安全に対する不安を抱き，「安全・安心・健康」といったイメージの日本食を求めるようになってきた．⑥中国人は旅行がブームになっている．生活に余裕が出て，余暇やレジャーにもお金を使うことができるようになった中国人が増えている．⑤近年，海外旅行は盛んになってきたが，海外旅行はまだ大きな潜在市場である．⑥旅行目的としては「食」も高い関心をもっている．中国の経済発展とともに，中国人の生活スタイルは変化しつつ，人々の旅行への意識も変わりつつあることがあきらかである．

おわりに

訪日外国人旅行者数は2倍以上の約2,000万人に達し，その消費額も3倍以上となり，自動車部品産業の輸出総額に匹敵する約3.5兆円に達した．観光は，まさに「地方創生」への切り札，GDP600兆円達成への成長戦略の柱．今後，日本の少子高齢化・人口減少により内需の縮小が見込まれることから，旺盛な海外需要を取り込むことが日本の経済成長にとって必要不可欠である．

また，観光旅行の成熟化を背景に旅行者の旅行動機，旅行目的が多様化，個性化し，その動機，目的として「観光地の食」が高い関心になると思われる．また，経済発展に伴って中国人の生活スタイルが大きく変化している．中国人の生活水準が高くなるとともに，健康志向になりつつある．それゆえ，安心・安全・健康といったイメージのある日本食や食文化に関心を寄せる．また，中国は経済的に豊かになり余裕ができたことで，旅行がブームになっている．訪日旅行の成熟とともに，消費行動も買い物からレジャーや食事など「コト消費」に変化していくと予測される．

本論文では，データ分析を通して，中国人の生活スタイルを解明し，今後，潜在的な中国観光市場の開拓においては，日本の食や食文化は観光資源として極めて重要であることを提言したい．

参 考 文 献

安達清治（2002）『ツーリズムビジネス』 創成社
伊藤雅雄（2015）『インバウンドの聖地・50選』 キョーハンブックス
奥村彪生（2016）『日本料理とは何か 和食文化の源流と展開』
小塩稲之（2011）『観光と地域資源活用 ―観光コーディネート学』 日本販路コーディネータ協会出版局
国土交通省観光庁『訪日外国人の消費動向年次報告書』
水産庁（平成28年）『平成28年版 水産白書』 農林統計協会
徐向東（2011）『中国人観光客を呼び込む必勝術』 日刊工業新聞社
総務省統計局（2017）『日本の統計2017』
『中国生活者トレンドデータ年報2013』 日本能率協会総合研究所
津久井良充（2008）『観光政策へのアプローチ』2008年3月31日 鷹書房弓プレス
デービッド・アトキンソン（2015）『新観光立国論』 東洋経済新報社
徳久球雄（1995）『環太平洋地域における国際観光』 嵯峨野書院
中島恵（2015）『「爆買い」後，彼らはどこに向かうのか？中国人のホンネ，日本人のとまどい』 プレジデント社
日本総理府編『平成28年版観光白書』 大蔵省印刷局発行
農林水産省『平成28年版 食料・農業・農村白書』 農林統計協会
前田勇（2003）『現代観光学の展開―観光行動・文化観光・国際観光交流』 学文社
前田勇（2010）『現代観光総論（改訂新版）』 学文社
溝尾良隆（2015）『改訂新版 観光学 基本と実践』 古今書院
盛山正仁（2011）『観光政策と観光立国推進基本法』 ぎょうせい
安田亘宏，中村忠司，吉口克利（2007）『食旅入門 フードツーリズムの実態と展望』 教育評論社
安田亘宏（2013）『フードツーリズム論―食を活かした観光まち作り』 古今書院

あとがき

　本叢書は，政策文化総合研究所の研究プロジェクト「東アジアにおける社会の発展過程と社会システムの研究」(2015-2017年度) の研究成果を取りまとめた報告として計画された．

　現代における第四次産業革命を発端とするデジタル革命は，ビッグデータ，IoT，人工知能といったさまざまなデジタル技術を中心とした新しいビジネスモデルが構築されている．その中心には，インターネットに代表される自律分散型システムの普及があり技術のパーソナル化が急速に普及した．自律分散型のデジタル技術は，人間行動や社会構造を大きく変容させ情報社会としての現代社会の構造がそれまでの社会システムとは異なる形で存在している．さらに，従来の社会システムと重層的に存在することによりアナログとデジタルの境界線を無効化している．CDやDVDに見られるようなアナログのデジタル化からロボットやAIに見られるようなデジタルとアナログの融合が重層的に存在することによりソーシャル・デザインに大きな影響を与え新しい社会構造を生み出そうとしている．

　研究成果は台湾の南台科技大学で開催されたINTERNATIONAL CONFERENCE ON KNOWLEDGE-BASED ECONOMY AND GLOBAL MANAGEMENT等の国際会議において発表した．

　また，これらの研究プロジェクトの成果をハワイ大学マノア校East-West Centerで"International Workshop Transformation of human behavior under the influence of Infosocionomics Society"を政策文化総合研究所と情報社会学会の共催で開催し，Dr. Sylvia Yuenハワイ大前副学長による基調講演と4本の原著論文と3本の研究ノートが発表された．このWorkshopは中央大学国際センターPacific Officeを開設した記念行事の一環として実施された．

このハワイでの Workshop の成果は，その他の関連論文とともに論文集を作成した．

　本研究を遂行するに当たり研究員として協力頂いた諸氏に感謝するとともに，研究会や Workshop 開催に当たり協力頂いた諸氏にも感謝したい．
　特に，ハワイ大での Workshop 開催に際してご尽力頂いた Dr.Sylvia Yuen, ニューヨークでの研修，Workshop 等の開催にご尽力頂いた板越ジョージ氏，ニューヨーク白門会の皆様，台湾での国際会議に際してご協力頂いた Te-Kuang Chou 教授，に対し記して深甚なる謝意を表する．
　本叢書に寄稿した研究者の多くは，科学研究費をはじめ，さまざまな他機関から外部研究費の支援を頂いたことを付記する．

2017 年 9 月 20 日

　　　　　　　　　　　　　　　　　　　　　　　　　　　　大 橋 正 和

索　引

あ　行

アーキテクチャ　　　　　　　121, 122
RSM　　　　　　　　　　　　5, 6
IoT（Internet of Things）
　　　　　　　　　1, 157-173, 175
AISAS　　　　　　　　　　　45
アイデンティティ　　　　　171-173
AIDMA　　　　　　　　　　45
アクションプラン10　　　　　205
アスペルガー障害　　　　　　88
新しい公共　　　　　　　　142, 143
アナログ　　　　　160, 166, 168, 175
アノミー　　　　　　　　　　22
アベイラビリティ　　　　　　64
安心・安全・健康　　　　　　211
一括法　　　　　　　　　　　141
インテグラル　　　　　　　　121
インバウンド　　　　　　　　201
HTML　　　　　　　　　　　2
AI　　　　　　　　　1, 157, 163
エキスパートシステム　　　7, 9
SIPSの法則　　　　　　　　　45
SNS　　　　179, 183, 185, 186, 196
SGML　　　　　　　　　　　2
SDLC　　　　　　　　　　　71, 73
エストニア　　　　　110, 112, 113
オープン・モジュラー　　　121, 122
オープンシステム　　　　　　70, 82
オープンデータ　　　　　　148, 149
音声認識率　　　　　　　　　93

か　行

科学的能力（コンピテンシー）　109
科学的リテラシー　　　　　109-114
活用　　　　　　　119-121, 124, 125
観光資源　　　　　　　　　　204
基礎自治体　　　　　　　　143, 145
CALS　　　　　　　　　　　2
教育システム　　99, 102, 105, 107, 108
協働　　　　　　142, 143, 145, 150, 151
偶有的　　　　　　120, 126, 134, 135
Cloud　　　　　　　　　　　37, 55
Crowd　　　　　　　　　　37, 53, 55
クラウド　　　　　160, 161, 165, 166
クラウドファインダー　　　　186
クラウドファンディング
　　　　　　　　178, 182,-186, 198
クラウドファンド　　　　　184, 186
クローズド　　　　　　　　　121
クローズド・インテグラル　　123
グロッシュの法則　　　　　　82, 84
経済協力開発機構（OECD）　109, 113
限界的差異化　　　　　　　　21
権限移譲　　　　　　　140, 141, 147
現実世界　　　　　　160, 168, 170, 172
高機能自閉症　　　　　　　　87
公財政教育支出比率　　　　　100
公財政支出　　　　　　　　　101
広汎性発達障害　　　　　　　88
国際学習到達度調査：PISA　99, 109
国際観光　　　　　　　　　　202
心の時代　　　　　　　　　174, 175
孤独な群衆　　　　　　　　　20
コト消費　　　　　　　　　　211
子ども・子育て支援新制度　　147

コンティンジェンシー　　　62
コンティンジェンシー・マネジメント
　　　　　　　　　　　65, 71

さ　行

シェアビレッジ（Share Village）
　　　　　　　　182, 183, 185, 198
識字障害　　　　　　　　　89
持続的成長　　　119, 121, 124, 134
視知覚認識障害　　　　　　89
自治基本条例　　　　　150, 151
SIPS　　　　　　　　　　　45
Zipfの法則　　　　　　　48, 49
自閉症スペクトラム障害　　87
シミュラークル　　　　　33, 35
社会性の障害　　　　　　　88
自由と安全の考え方　　　　27
常同性　　　　　　　　　　88
情報公開制度　　　　　　151
情報提供制度　　　　　　151
職業教育トレーニングプログラム　103
食品消費支出　　　　　　208
食文化　　　　　　　　　202
自律分散型システム　　　12, 13
シンギュラリティ　　　　　9
人工知能　　　　　　　　　1
数学的リテラシー　　　　113
ストーリー　177, 178, 180–182, 185,
　　　　186, 189, 191, 192, 195, 196, 198
脆弱性　　　　　　　74, 77, 78
生得的具備可能性　　　125, 126
センサー　　　159–162, 164, 165
想像の共同体　　　　50, 51, 54
ソーシャルインパクト　　119, 121
　　　　　123, 125, 126, 135, 136
ソーシャル・キャピタル（Social Capital）
　　　　　　　　　　46, 181, 182
Social Graph　　　　　　　53

ソーシャルデザイン　177, 178, 182,
　　　　　　　　185, 187, 189, 197
ソーシャル・メディア（Social Media）
　　　25, 37, 38, 40, 42–44, 46, 47,
　　　49, 51–55, 178, 179, 185, 186
組織的探索行動　　　120, 126, 135
組織の両義性　　　　　　121

た　行

第5世代コンピュータ　　　6
多様性　　　　　　　　80–82
探索　　119, 120, 123–125, 135, 136
ダンバー数　　　　　　　47
地域コミュニティ　　179, 182, 186
地域創生　　　　　　　178, 189
地域デザイン　　　　　　181
地方創生　　　　　　　178, 185
地方分権一括法　　　　140, 141
地方分権改革　　　　　140, 141
地方分権改革推進計画　　141
地方分権推進計画　　　140, 141
中国人の生活スタイル　　206
紐帯　　　　　　　　121–123
つながる　　　　　　　166, 170
つながる力　177, 178, 180, 192, 197
つなげる力　　　177, 178, 180, 182,
　　　　　　　　　184, 197, 198
DSM-5　　　　　　　　　88
DSM-Ⅳ　　　　　　　　　88
ディザスタ・リカバリ　62, 65–69
データ・アーカイヴ　　　152
データ解析技術　　　　　157
敵対的協力　　　　　　　21
デジタル化　　　　　172–174
デジタル革命　　1, 174, 177, 178, 180,
　　　　　　　　　　　186, 197
デジタルコンテンツ　　　166
デジタル社会　　　　　171, 172

デジタルデータ	159, 160
電子商取引	3, 60, 61, 63, 84
電子入札	3, 4
特別支援学級	87
特別支援学校	87
Trusted Network	14

な 行

9の神話	63

は 行

発達障害者支援法	87
BRS	5, 6
BI	1
PISA	99, 113
ビジネス・コンティニュイティ	59, 66, 69
ビッグデータ	1, 157, 162, 163
ファイブナイン	63, 64
4ドラゴンズ（Four Asian Tigers）	99, 110
Facebook	39-44, 47, 50, 52, 54
複雑性	80-82
ブリッジング	181, 182, 185
ブリッジングリーダー	198
ブリッジング・リーダーシップ	181
ブロックチェーン	1, 12
分化	123, 124
包括性	27
訪日中国人観光客	202
訪日外国人旅行者	205
訪日外国人旅行消費	203
訪日旅行市場	210
ボードリヤール	23, 31, 35, 36
ポストモダンの考え方	32
whitewash	94

ま 行

ミチゲーション	82
ミメーシス	125
ムーアの法則	83, 84
無形文化遺産	210
メタ情報	93
メトカーフの法則	83, 84
文字認識率	93
モジュラー	121

や 行

誘因	123, 124, 136

ら 行

リースマン	20-23, 25
リーダーシップ	181
リスク・アセスメント	74, 79
リスク緩和	78
リスクマネジメント	71
利他性	120, 125, 126, 135, 136
リフキン	24, 27
representation	94
旅行動機	211
旅行ブーム	209

わ 行

和食	201

執筆者紹介（執筆順）

大橋 正和（おおはし まさかず）　研究員・中央大学総合政策学部教授

高橋 宏幸（たかはし ひろゆき）　研究員・中央大学経済学部教授

岡嶋 裕史（おかじま ゆうし）　研究員・中央大学総合政策学部准教授

堀 眞由美（ほり まゆみ）　客員研究員・白鷗大学経営学部 大学院経営学研究科教授

亀井 省吾（かめい しょうご）　客員研究員・首都大学東京産業技術大学院大学産業技術研究科特任准教授

倉田 紀子（くらた のりこ）　客員研究員・諏訪東京理科大学経営情報学部助教

桐谷 恵介（きり たに けいすけ）　客員研究員・株式会社ウフル戦略事業本部

松田 壮史（まつだ たけふみ）　準研究員・中央大学大学院総合政策研究科博士課程後期課程

陳 雪瑞（ちん せつずい）　準研究員・中央大学大学院総合政策研究科博士課程後期課程

デジタル革命によるソーシャルデザインの研究
中央大学政策文化総合研究所研究叢書23

2018年3月15日　初版第1刷発行

編著者　大橋　正和
発行者　中央大学出版部
代表者　間島　進吾

〒192-0393　東京都八王子市東中野742-1
発行所　中央大学出版部
http://www2.chuo-u.ac.jp/up/
電話 042(674)2351　FAX 042(674)2354

© 2018 大橋正和　ISBN 978-4-8057-1422-5　　　　　惠友印刷㈱

本書の無断複写は，著作権法上の例外を除き，禁じられています．
複写される場合は，その都度，当発行所の許諾を得てください．